GARTENTEICHE

blv garten **plus**

Wolfram Franke

GARTENTEICHE

Anlegen • Gestalten • Pflegen
Tiere und Pflanzen

blv

Inhalt

Die Planung eines Gartenteiches

In vielen Gärten ist ein Teich zur Selbstverständlichkeit geworden. Sein Wasser verbreitet Frische, wirkt auf uns beruhigend und lockt eine Vielzahl verschiedenster Lebewesen an.

Das Ziel: Eine blühende Oase voller Leben

Seit Beginn der achtziger Jahre ist ein wahrer Boom von Gartenteichen ausgebrochen. Sehr schöne naturnahe Gartenteiche sind entstanden, die zahlreichen Insekten und Amphibien neue Lebensräume bieten, wie sie in der nächsten landschaftlichen Umgebung kaum noch geboten werden.

Jedoch nicht jede Wasserstelle, nicht jeder Tümpel im Garten erfüllt diese vielfältige Aufgabe. Dabei müssen nur wenige, aber sehr wichtige Schritte berücksichtigt werden, die aus Ihrem Traum von einem Teich die blühende Oase voller Leben entstehen lassen, die Sie sich wünschen. Dieses Buch soll Sie Schritt für Schritt begleiten: Bei der Planung, der Anlage, der Beobachtung und der Pflege Ihres Gartenteiches.

◄ Harmonisch in die naturnahe Gartenumgebung eingefügt, kann dieser Teich einen Lebensraum für Insekten und Amphibien bieten.

Den Teich individuell gestalten

Wer im Garten einen Teich anlegt, wird staunen, was sich ohne sein weiteres Zutun an kleinen Tieren in kurzer Zeit ansiedelt und meistens über viele Jahre bleibt. Die Vielfalt eines Teichbiotops hängt von vielen Faktoren ab: Einer naturnahen und fachgerechten Anlage des Teiches und der Gestaltung seines angrenzenden Umfelds, vom Platz und den Gegebenheiten des Gartens, sowie natürlich von unseren ganz persönlichen Wünschen und Vorstellungen. Fragen Sie sich also grundsätzlich: **Wozu will ich mir einen Teich anlegen?**

- Als beruhigende Wasserfläche?
- Als Frische spendenden Springbrunnen?
- Als Vogeltränke?
- Als Seerosensammlung?
- Als Reflektionsteich für den Wintergarten?
- Als Feuchtbiotop?
- Als Schwimmteich?
- Als Zierfischteich?

Diese Liste ließe sich noch weiter differenzieren und fortsetzen. Manches können Sie miteinander kombinieren, so zum Beispiel Schwimmteich und Feuchtbiotop. Anderes wird zumindest problematisch, wenn Sie beispielsweise in einen kleinen Biotopteich Goldfische einsetzen. Gehen Ihre Wünsche von vornherein in Richtung Fische, so sollten Sie eine andere Variante des Teiches wählen als den Biotopteich. Bei der Anlage eines Feuchtbiotops aus zweiter Hand dienen natürliche Gewässer in etwa gleicher Größe stets als bestes Vorbild.

Im nächsten Kapitel (Seite 17 ff.) werden verschiedene Typen von Gartenteichen vorgestellt. Dort finden Sie viele Anregungen für die Gestaltung Ihres eigenen Wassergartens.

Ein Miniteich im Holzzuber schafft eine Atmosphäre der Frische auf kleinstem Raum.

Der richtige Platz

An welcher Stelle im Garten ein Teich seinen Platz findet, ergibt sich auch aus den Zwecken, die er in Ihrem Garten erfüllen soll. Ein Springbrunnen plätschert am schönsten in der Nähe eines Sitzplatzes. Eine Vogeltränke braucht eine freie übersichtliche Fläche, damit die Vögel rechtzeitig die heranschleichende Katze erkennen. Ein Teich, der die Wintersonne durchs Wohnzimmerfenster oder in den Wintergarten reflektieren soll, wird in unmittelbarer Nähe des Hauses platziert. Die meisten Wasserpflanzen gedeihen am besten in voller Sonne. Einige, wie zum Beispiel

Wie ein natürliches Gewässer ist dieser große Seerosenteich in die Umgebung des Gartens eingebettet.

die Brunnenkresse oder die gelbe Teichrose, vertragen oder lieben jedoch zeitweilig Schatten. In einem stark von der Sonne erwärmten Teich wuchern Algen leichter als im beschatteten Wasser. Es spricht also einiges dafür, einen Wasserpflanzenteich so anzulegen, dass er zumindest in den Mittagsstunden beschattet ist. Das gilt übrigens auch für den Fischteich.

Neben diesen rein funktionellen Aspekten gibt es auch gestalterische Grundsätze: Natürliche Gewässer befinden sich immer an den tiefsten Stellen des Geländes – eine Empfehlung auch für den Garten. Der Teich kann, muss aber nicht in der hintersten, entlegensten Ecke des Gartens angelegt werden. Frösche und Kröte gewöhnen sich schnell an die Nähe der Menschen, sodass nichts dagegen spricht, ihn unmittelbar an die Terrasse oder einen anderen Sitzplatz grenzen zu lassen. Wollen Sie aber bewusst Frosch & Co. ansiedeln, so wäre ein Platz inmitten einer kahlen Rasenfläche der falsche. Dies verbietet sich auch schon aus ästhetischen Gründen. Ein naturnaher Teich sollte immer in eine Randbepflanzung aus Stauden oder eine Blumenwiesenve-

getation angrenzen, die dann in den Gehölzgürtel des Gartens und von dort in die umgebende Landschaft überleitet. Werden den Tieren auch noch Landlebensräume wie eine Trockenmauer, ein Lesesteinhaufen oder eine Laubschüttung unter Gehölzen geboten, so können wir einen Faden im Netzwerk der Gartenbiotope spinnen, von dem Naturschützer immer träumen.

Größe und Form des Teiches

Der Größe von Gartenteichen sind kaum Grenzen gesetzt, außer denen des Gartens. Die Möglichkeiten reichen von einem in den Boden gesenkten Mörteltrog über einen mit Wasser gefüllten Holzzuber bis zu einem Schwimmteich von mehr als 100 Quadratmetern Wasserfläche.

Der Nachteil kleiner Teiche besteht allerdings darin, dass sich ihr Wasser schneller erwärmt und somit die Algenbildung schneller voranschreiten kann. Wasserpflanzen haben die kleine Wasserfläche schnell überwuchert, wenn Sie ihnen nicht Einhalt gebieten und den Bewuchs von Zeit zu Zeit ausdünnen.

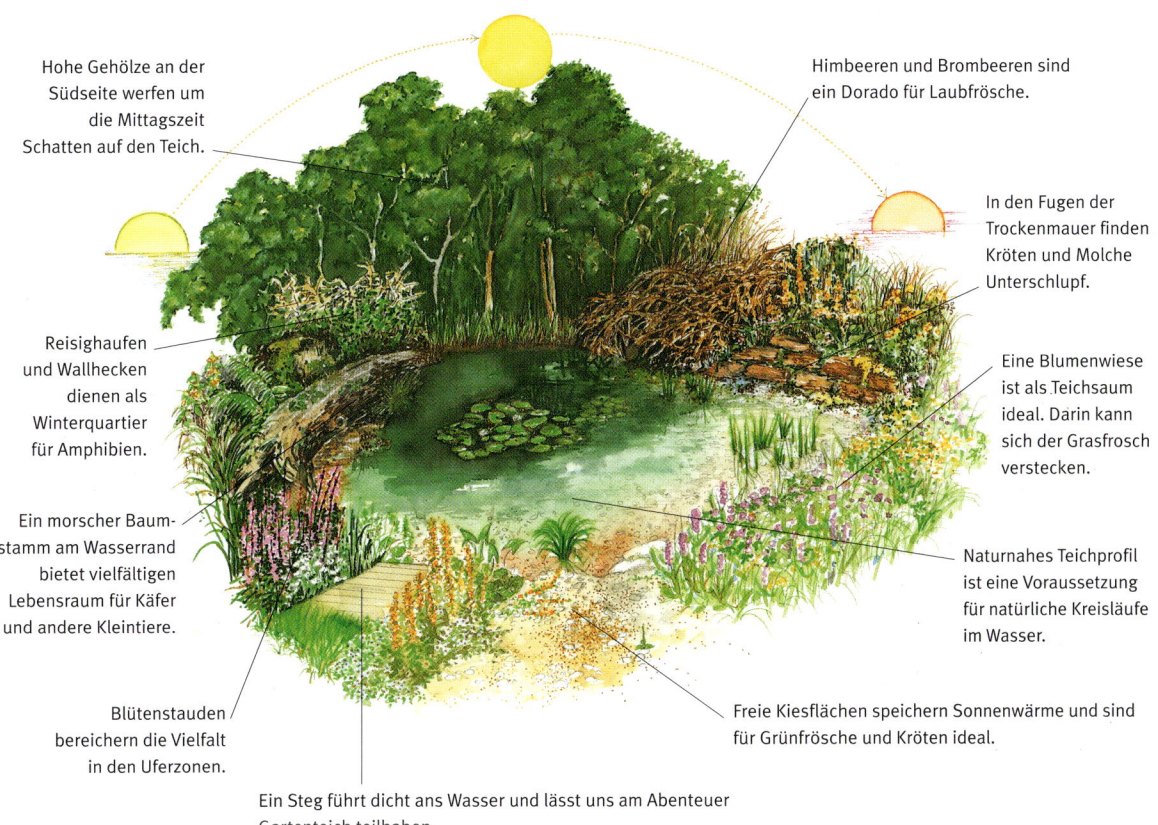

Hohe Gehölze an der Südseite werfen um die Mittagszeit Schatten auf den Teich.

Himbeeren und Brombeeren sind ein Dorado für Laubfrösche.

In den Fugen der Trockenmauer finden Kröten und Molche Unterschlupf.

Reisighaufen und Wallhecken dienen als Winterquartier für Amphibien.

Eine Blumenwiese ist als Teichsaum ideal. Darin kann sich der Grasfrosch verstecken.

Ein morscher Baumstamm am Wasserrand bietet vielfältigen Lebensraum für Käfer und andere Kleintiere.

Naturnahes Teichprofil ist eine Voraussetzung für natürliche Kreisläufe im Wasser.

Blütenstauden bereichern die Vielfalt in den Uferzonen.

Freie Kiesflächen speichern Sonnenwärme und sind für Grünfrösche und Kröten ideal.

Ein Steg führt dicht ans Wasser und lässt uns am Abenteuer Gartenteich teilhaben.

Abwechslungsreich gestaltete Uferzonen bieten einer Vielzahl von Tieren einen geeigneten Lebensraum.

Die richtige Tiefe

Wichtig ist jedoch eins: Bauen Sie keine »Bombenlöcher«! Ein Fehler der häufig gemacht wird, weil man auf kleinstem Raum Wünsche unter einen Hut bringen will, die nicht zusammenpassen. Sie sollten nicht auf zwei Quadratmetern Fläche einen Biotopteich anlegen und ihn zugleich mit einem Schwarm Goldfische besetzen! Teiche mit kleiner Oberfläche und großer Tiefe gibt es auch in der natürlichen Landschaft nicht, es sei denn, es handelt sich wirklich um mit Wasser gefüllte Bombenlöcher.

Orientieren Sie sich an dem Profil natürlicher Tümpel und Teiche.

Sie sind immer als sachte abfallende Mulden ausgebildet, niemals aber als Trichter, an deren tiefster Stelle sich der Schlamm sammelt. Dieses Vorbild ist wichtiger als ein tiefer Teich. Eine Wassertiefe von einem Meter und mehr ist nur wichtig, wenn man Fische in den Teich einsetzen will. Fische kommen jedoch auch in der Natur nur in sehr großen Gewässern vor. In kleinen Teichen und Tümpeln, die ja der Größe unserer Garten-

Damit Sie die Teichmulde tief genug ausheben und modellieren, müssen Sie die **Dicke der Abdichtung** einschließlich Unterbau und Kiesauflage auf der Abdichtung mit berechnen. Bei einem Tonteich ist die Abdichtung je nach System 15, 20 oder 30 cm dick, hinzu kommt eine 20 cm dicke Kiesschicht als Auflast. Bei einem Folienteich ist manchmal eine 10 bis 15 cm dicke Sandschicht als Unterbau erforderlich. Auch die Kiesabdeckung auf der Folie sowie die Wurzelballen der Pflanzen sollten Sie mit einbeziehen, selbst wenn es sich dabei nur um wenige Zentimeter Wassertiefe handelt.

teiche entsprechen, gibt es keine Fische. Und für die Wasserpflanzen braucht der Teich nicht tief zu sein. Sogar von den Seerosen gibt es Arten und Sorten, die im flachen Wasser von 20 bis 30 cm gedeihen.

Das richtige Gefälle

Eine sacht abfallende Teichmulde ist aus verschiedenen Gründen wichtig. Zum einen können Sie darauf die Wasserpflanzen am besten platzieren. Zum anderen fallen bald nach der Anlage des Teichs allerlei Pflanzenreste auf dem Teichboden. Bei

einem starken Gefälle sammeln sich diese Reste in der Mitte des Teiches und bilden dort eine immer dicker werdende Schicht Schlick, aus der Faulgase aufsteigen und die das Volumen des Wassers im Teich verringern. Der Lebensraum für die Tiere des Teichs wird auf diese Weise immer kleiner. Ist der Teichboden aber in Form einer sachte abfallenden Mulde ausgebildet, so verteilen sich die Pflanzenreste darauf. Die Mikroorganismen haben es leichter, sie zu zersetzen und ihre Nährstoffe den Pflanzenwurzeln zu erschließen. Das heißt, die Bildung von Bodenschlick geht wesentlich langsamer voran. Ein weiterer Grund für ein sanftes Gefälle: Kinder, die einmal versehentlich in den Teich tapsen, rutschen nicht gleich in tieferes Wasser. Die Gefahr, dass sie ertrinken, ist somit geringer. Ein **günstiges Gefälle** für den Teichboden ist 1:3. Das heißt, auf 3 m in der Waagerechten wäre 1 m Tiefe erreicht. Bei einem kleinen Teich mit nur 3 m Durchmesser wäre die tiefste, 1,50 m vom Ufer entfernte Stelle in der Teichmitte 50 cm tief. Legen Sie einen sehr großen Teich an, so können Sie auch ein noch sachteres Gefälle von 1: 4 wählen.

Ideal ist ein Gefälle von 1:3. Das heißt: 3 m vom Teichrand entfernt hat der Teich eine Tiefe von 1 m erreicht.

Gefälle 1 : 3

3 m

1 m

Die Teichform

Orientieren Sie sich an natürlichen Vorbildern, wenn Sie dem Teich seine Form geben. Streng geometrische Linien kommen in der Natur ebenso wenig vor wie allzu verschnörkelte Umrisse. Wählen Sie sanft geschwungene Uferlinien. Bei kleinen Teichen kann eine ovale oder kreisrunde Form am harmonischsten wirken. Große Teiche dürfen auch eine Bucht, eine Landzunge oder eine Insel zur Verlängerung der Uferzone erhalten.

Wohin mit dem Aushub?

Je nach Größe des Teichs fällt eine größere Menge Erdaushub an. Wohin damit? Der Mutterboden ist kostbar. Sie sollten ihn nicht so ohne weiteres aus dem Garten schaffen. Die ausgehobene Erde eines kleinen Teiches lässt sich auf Beeten und Pflanzflächen verteilen, ohne dass dies hinterher auffällt. Beim Aushub eines großen Teichs sollten Sie berechnen und planen, wie Sie den Teichaushub verwenden.
Durch die Anlage eines Teiches muss zumindest der Bereich, in dem sich der Teich befindet, neu gestaltet werden. Vielleicht lässt sich der Aushub im näheren Teichumfeld zur Anlage eines Hügels oder Erdwalls verwenden. Wenn Sie aber den Teichaushub abfahren lassen, sollten Sie auf jeden Fall einen Teil der tiefsten, nährstoffarmen Schicht zurückbehalten. Sie können ihn später als Erde für die Wasserpflanzen brauchen.

Eine teilweise Beschattung des Teiches durch hohe Gehölze wirkt sich günstig auf Flora und Fauna aus.

Die Gestaltung der Randzone

Stellen Sie sich das Ufer eines natürlichen Sees vor. Ganz am Rand, im flachen Wasser wächst »Röhricht«, also Schilfrohr (was ich Ihnen für den Gartenteich nicht empfehle), dann kommen Pfeilkraut, Tannenwedel und ein paar andere Pflanzen sowie die Seerosen. Die Mitte besteht aus einer – oberflächlich gesehen – kahlen Wasserfläche; nur auf dem Grund des Sees wachsen Unterwasserpflanzen.
Genau genommen ist die Vegetation unserer Gartenteiche eine verkleinerte Nachbildung der Randzonen eines natürli-

chen Sees. Die offene Wasserfläche, wo nur noch Unterwasserpflanzen wachsen oder die Vegetation ganz fehlt, können wir jedoch nur bei sehr großen Teichen oder bei Schwimmteichen nachempfinden. Teilen Sie den Teich nach dem Vorbild des Vegetationsgürtels verschiedener Gewässer in **drei verschiedene Bereiche** ein:

- **Flachwasserzone** mit einer Wassertiefe von etwa 0 bis 30 cm
- **Seichtwasserzone** von 30 bis 50 cm
- **Tiefwasserzone** in der Teichmitte mit tiefem Wasser von mehr als 50 cm.

Diese Maßzahlen mögen Ihnen als ungefähre Orientierungshilfe dienen, um die richtigen Bedingungen für verschiedene Pflanzengruppen zu schaffen. Wenn Sie das **Teichprofil stufenförmig,** in zwei oder drei Podesten anlegen, finden die Pflanzen auf der glatten Teichfolie besseren Halt. Ist der Teich erst einmal bepflanzt, so suchen sich manche Sumpf- und Wasserpflanzen oft selber ihren idealen Platz, indem sie mit ihren Ausläufern und Wurzelrhizomen dort hinwachsen. Bemessen Sie den Flachwasserbereich nicht zu knapp, denn dort gedeihen die meisten Pflanzen und viele Amphibien laichen bevorzugt in dieser Wasserzone ab. Wenn Sie noch genügend Platz haben, sollten Sie an einer Stelle eine

Sumpfzone angliedern, die nur zeitweise vom Wasser überflutet wird.

Wie wird der Teich dicht?

Ein Loch graben, den Boden verdichten, die Grube voll Wasser füllen und fertig ist der Teich – so einfach lässt sich ein Teich selten bauen. Dies gelingt nur bei einem sehr bindigen Lehm- oder Tonboden. Früher wurden Teiche mit Lehm oder Ton abgedichtet, wobei man allerdings sehr dicke Tonschichten wählte und diese sehr sorgfältig stampfte.

Teiche aus Ton

Ton ist das natürlichste Material zur Abdichtung von Teichen. Er isoliert das Teichwasser nicht von dem umgebenden Erdreich, sondern verbindet es, sodass die Temperaturen ausgeglichen werden. Ton bindet auch Nährstoffüberschüsse aus dem Wasser, die die Pflanzen dann wieder aufnehmen können. Heute bieten Spezialfirmen Tonelemente oder Tonpulver an. Allerdings müssen die Tonmaterialien sehr sorgfältig verdichtet werden! Dabei kommt es ganz

Industriell hergestellte Tonelemente zur Teichabdichtung müssen sorgfältig verdichtet werden.

besonders auf eine sanft abfallende Teichmulde an. Bei stärkerem Gefälle lässt sich der Ton nicht gleichmäßig verdichten. Um den Einsatz eines Vibrationsstampfers oder einer Rüttelplatte kommt man nicht herum. Wer mit landschaftsgärtnerischen Bauarbeiten keine Erfahrung hat, sollte die Anlage eines Tonteichs dem Fachmann überlassen.

Becken aus Beton und Mauerwerk

Der Vollständigkeit halber sei erwähnt, dass die Seerosenbecken früherer Jahre gemauert und mit wasserfestem Mörtel verputzt wurden. Oft strich man das Innere des Beckens mit einer speziellen Wasserbeckenfarbe an.
Später wurden die Gartenteiche in Beton gegossen. Zweifellos ist Beton ein plastisches Material, mit dem man auch naturnahe Formen erzielen kann, jedoch erfordert der Umgang mit Beton bautechnische Erfahrung, und es ist buchstäblich eine Knochenarbeit.

Folien für den Gartenteich

Seit gut zwanzig Jahren werden spezielle Teichfolien für Garten-

Ein quadratisches Becken aus Beton eignet sich gut für eine Seerosensammlung.

teiche angeboten. Heute kann man zwischen verschiedenen Folienstärken, Materialien und Farben wählen. Einige Folien sind sogar gewebeverstärkt. Die Auswahl richtet sich vor allem nach der Größe des Teiches, der Belastung (zum Beispiel bei einem Schwimmteich), dem Umweltbewusstsein des Teichbesitzers und nach dem Geldbeutel.

Teichfolien aus Polyvinylchlorid (PVC)
Die ersten Teichfolien wurden aus diesem Material hergestellt. PVC hat den Vorteil, dass man die einzelnen Bahnen leicht mit einem Kaltschweiß-

mittel passgenau an Ort und Stelle aneinanderfügen kann. Man muss natürlich sehr sorgfältig und sauber arbeiten, sonst wird der Teich nicht dicht. PVC enthält allerdings Weichmacher und das Schwermetall Cadmium. Als es noch keine Alternativen zu PVC-Folien gab, rechtfertigten selbst die Naturschutzverbände ihren Einsatz mit dem Argument, der Nutzen für die heimische Tierwelt sei auf jeden Fall größer als der Schaden durch eventuell austretendes Cadmium ins Wasser oder in den Boden. Nachdem auch Teichfolien aus anderen Materialien auf den Markt kamen, gerieten die PVC-Folien ins Kreuzfeuer der Kritik. Die Hersteller, wenn sie es nicht ohnehin schon getan hatten, bemühten sich darum, den Anteil des Cadmiums auf ein vertretbares Minimum zu senken. PVC-Folien sind im Vergleich zu anderen Materialien die billigsten Folien.

Teichfolien aus Polyäthylen (PE)
Seit etwa zwölf Jahren gibt es PE-Folien, die für den Teichbau geeignet sind. An Haltbarkeit stehen sie den PVC-Folien in nichts nach, allerdings können sie nicht vor Ort durch ein Kaltschweißmittel zusammengefügt werden. Die Verarbeitung er-

folgt durch ein spezielles Gerät beim Folienhersteller oder Lieferanten. Für kleinere Teiche bekommt man ein großes quadratisches oder rechteckiges Folienstück. Der Nachteil: Durch den Verschnitt am Rand fällt viel Abfall an. Außerdem sind diese Folien, vor allem in Stärken von 1 mm und mehr, steifer und deshalb schwerer zu verarbeiten als PVC. Da zu ihrer Herstellung weder Schwermetalle noch Weichmacher benötigt werden, gelten sie als umweltfreundlicher als PVC-Folien. Kritiker zweifeln dies jedoch an und verweisen auf den Stabilisator gegen UV-Licht, der aus Ruß be-

steht, dessen Inhaltsstoffe nicht bekannt sind.

Teichfolien aus Kautschuk
Die meisten angebotenen Folien dieser Art bestehen aus dem Synthesekautschuk **EPDM,** der sich in seinen Eigenschaften von dem Naturkautschuk kaum unterscheidet. Diese Folien zeichnen sich durch Geschmeidigkeit, Elastizität und damit eine sehr große Haltbarkeit aus. Die Bahnen werden durch einen Kaltkleber aneinandergefügt, wobei ebenfalls sehr sauber und sorgfältig gearbeitet werden muss. Der Kaltkleber darf nicht zu lange lagern, sonst verliert er seine Klebekraft. Kautschuk-Folien sind mit Abstand am teuersten.

Teichfolien aus Polyolefinen
Diese Folien enthalten weder Schwermetalle noch Weichmacher. Sie sind dennoch geschmeidig und lassen sich somit leicht verlegen. Polyolefin-Folien sind gewebeverstärkt und halten so Druck und Belastungen durch Dehnung in besonderem Maße stand. Die Bahnen dieser Folien kann der Gartenfreund nicht selber aneinanderfügen, sie werden vom Werk nach vorgelegtem Plan mit Heißluft verschweißt.

Mit Spezialfolien aus PVC, PE, Kautschuk oder Polyolefinen lassen sich Teiche in jeder Größe und Form abdichten.

Bei Fertigteichen müssen die Beckenränder geschickt verdeckt werden, um dem Kleingewässer ein natürliches Aussehen zu verleihen.

ausgebildet, wobei die Podeste gerade breit genug sind, um eine Wasserpflanze darauf zu setzen. Wer zusätzliche Flachwasserzonen schaffen will, muss entweder im Inneren des Beckens Kies aufschütten oder außen einen kleinen Folienteich an das Fertigbecken anschließen. Interessant sind die Möglichkeiten der Baukastensysteme, bei denen man verschiedene Elemente zu großen Teichen oder Bachläufen zusammensetzen kann.

Lassen Sie sich bei der Auswahl der Folie nicht von DIN-Normen oder Werbeslogans mit der Folienfarbe blenden. Spezielle DIN-Normen für Teichfolien gibt es nicht. Alle angegebenen DIN-Normen sind anderen Fachgebieten entliehen und beziehen sich auf bestimmte Eigenschaften (z. B. Frostbeständigkeit).

Folienfarbe

Die Farbe der Teichfolie hat auf deren Haltbarkeit und Umweltverträglichkeit keinen Einfluss. Wenn sie richtig in den Teich eingebaut und gänzlich mit Kies oder Sand abgedeckt wird, sieht man sie ohnehin nicht mehr. Wählen Sie am besten eine schwarze, anthrazitfarbene oder dunkelgrüne Folie.

Fertigteiche

Fertigteiche sind aus Polyäthylen oder glasfaserverstärktem Polyesterharz (GFK) hergestellt. Vor allem GFK-Teiche zeichnen sich durch eine hohe Haltbarkeit aus. Der Einbau dieser Teiche bereitet keinerlei Probleme und ist auch für den Laien sehr leicht nachzuvollziehen. Allerdings ist man weitgehend an vorgefertigte Formen gebunden, wenngleich die Becken heute natürlichere Formen aufweisen als früher. Die Teichwände sind entsprechend den Tiefenzonen etagenförmig

auf einen blick

- Bei der Planung eines Teiches kommt es auf die richtige Platzierung sowie das Verhältnis von Teichgröße und -tiefe an.
- Drei Tiefenzonen von 0–30, 30–50 und mehr als 50 cm Tiefe dienen zur Orientierung bei der Anordnung der Pflanzen.
- Die Abdichtung mit Ton ist die natürlichste, die Folienabdichtung am praktikabelsten.
- Vier verschiedene Folienmaterialien stehen zur Auswahl (PVC, PE, Kautschuk bzw. EPDM und Polyolefin-Folien).
- Fertigbecken sind sehr haltbar, jedoch wenig flexibel in ihrer Form.

Beispielhafte Gartenteiche

Kein Teich, kein Bach, kein Tümpel gleicht dem anderen – und doch werden sie alle nach den gleichen natürlichen Vorbildern angelegt, abgestimmt auf die jeweilige Situation des Gartens.

Im klaren Wasser des frisch angelegten Teiches kann man die spannendsten Abenteuer unter Wasser beobachten.

Mit variablen und plastischen Abdichtungsmaterialien wie Ton und Folie lassen sich Garten- und Biotopteiche in allen erdenklichen Größen und Formen gestalten. Lassen Sie sich von den folgenden Beispielen inspirieren.

Kleiner Gartenteich mit Wassergraben

Auch ein kleiner Teich kann eine lebendige Oase sein, Lebensraum für allerlei Insekten und Amphibien bieten, und dennoch reichlich Platz für anderes lassen. Der Teich in diesem Beispiel wurde 1990 angelegt. Ein Wassergraben vermittelt den Eindruck eines Zulaufs oder einer Verbindung aus der Landschaft. An der tiefsten Stelle ist der Teich 50 cm tief. Der Wassergraben hat eine maximale Tiefe von etwa 30 cm.

Abgedichtet wurde der Teich mit einer 0,5 mm dicken Polyäthylenfolie, die von unten durch ein Vlies geschützt ist. Ein Holzsteg führt über den etwa 1 m breiten Wassergraben. In die Mitte des Teiches wachsen zwei Seerosen, eigentlich zuviel für diesen kleinen Teich, doch die Pflanzen wurden aus einem früheren Garten mitgebracht. Im flachen und seichten Wasser gedeihen ein Kleiner Rohrkolben (*Typha minima*),

ein Kalmus (*Acorus calamus*) sowie Sumpfdotterblumen (*Caltha palustris*) und die Gelbe Gauklerblume (*Mimulus*

Auch ein kleiner Teich bietet Vielfalt auf kleinster Fläche. Der Steg trennt den tiefen Teil vom flachen Bereich und verbindet die Terrasse mit dem hinteren Gartenteil.

◀ Ein Steg führt an diesem Teich durch ein Meer üppig blühender Seerosen.

Noch fällt der frisch angelegte Teich aus dem Rahmen des kleinen Reihenhausgartens.

luteus). Als Unterwasserpflanze wurde das Hornkraut *(Cerato-phyllum demersum)* eingesetzt, als Schwimmpflanzen Frosch-biss *(Hydrocharis morsus-ranae)* und Krebsschere *(Stra-tiotes aloides).* Der Blutweide-rich *(Lythrum salicaria)* am Rand hat sich von selbst an-gesiedelt.

Im Wassergraben wurden die Schwanenblume *(Butomus um-bellatus)*, Sumpfdotterblumen *(Caltha palustris)*, Sumpf-Ver-gissmeinnicht *(Myosotis palust-ris)*, Wasser-Schwertlilien *(Iris pseudacorus)* sowie die Zwerg-binse *(Juncus effesus)* ge-pflanzt.

Im Laufe der Jahre sind manche Pflanzen wie die Schwanenblu-me, Rohrkolben, Froschbiss und Krebsschere aus dem Teich ver-schwunden, Kalmus, Hornkraut

und die Sumpf-Schwertlilien haben sich dagegen stark aus-gebreitet.

Trockenmauern aus Nagelfluh-Steinen, die bis ans Teichufer heranreichen, sind so aufge-schichtet, dass es viele offene Fugen gibt, in denen Amphibien Unterschlupf finden.

An Wassertieren waren in den ersten Jahren auf dem Teich-grund Flohkrebse und Egel zu sehen. Spitzschlammschnecken und einige wenige Exemplare der Posthornschnecke leben seit Jahren im Teich. Auch Was-serläufer und Libellen, allen voran die große Königslibelle, die Azurjungfer, die Heidelibelle sowie die Plattbauchlibelle zählen zu den ständigen Gäs-

ten. Erst nach einigen Jahren siedelten sich Bergmolche und eine dicke Erdkröte an. Vögel, allen voran Amseln, ein Igel sowie eine Eidechse lassen sich oft am Teichufer sehen.

Großer naturnaher Teich mit Kräuterspirale

Dieser Teich wurde im Rahmen eines Seminars mit einer Volks-hochschulgruppe unter Leitung des Autors 1992, ein Jahr vor Eröffnung der Internationalen Gartenschau (IGA) 1993, im Stuttgarter Wartberggelände angelegt. Dort kann er besich-tigt werden. Er ist ungefähr

Neun Jahre nach der Anlage bildet der Teich einen in Stauden und Trockenmauern eingebetteten Mittelpunkt.

56 m² groß und an der tiefsten Stelle 1 m tief und mit einer 1 mm dicken schwarzen Polyäthylenfolie abgedichtet. Der Teich ist von einer Wiese und einigen Obstbäumen umgeben, zwei hohe Laubbäume beschatten den Teich am Nachmittag. Im Anschluss an die Anlage des Teichs errichtete die Volkshochschulgruppe eine Kräuterspirale mit einem Durchmesser von ungefähr 6 m. In den Sandsteintrockenmauern der Spirale finden Amphibien Unterschlupf. Von der nahegelegenen Böschung reicht eine Steinschüttung bis ins Teichwasser, ein anderer sonniger Uferbereich wurde mit Sand und einigen Kieselsteinen bedeckt.

Der Baumstamm und ein Reisighaufen unter einem nahen Busch bieten weitere Unterschlupfmöglichkeiten für Tiere. Für die Teichbepflanzung ausschließlich heimische Pflanzenarten verwenden.

Die großen und stark wachsenden wie die Teichrosen, der kleine Rohrkolben und die Sumpf-Schwertlilien wurden in Pflanzenkörbe gesetzt, alle anderen mit nacktem Wurzelballen auf den Teichboden gestellt und mit etwas magerem Unterboden und einigen Steinen umgeben. Bei einem Besuch des Teichs sieben Jahre nach der Anlage waren die Flachwasserzonen bereits verlandet, die Seichtwasserzone und der tiefe Bereich in der Mitte flacher geworden. Von den ursprünglich eingebrachten Pflanzen waren nur noch eine große Teichrose sowie einige Sumpfiris am Rand zu erkennen. Im Wasser hatte sich die Krebsschere sehr stark ausgebreitet.

Pflanzliste (und Menge):

① 5 × Kalmus *(Acorus calamus)*
② 2 × Pfeilkraut *(Sagittaria sagittifolia)*
③ 2 × Froschlöffel *(Alisma plantago-aquatica)*
④ 5 × Nadelsimse *(Eleocharis acicularis)*
⑤ 3 × Tannenwedel *(Hippuris vulgaris)*
⑥ 2 × Kleiner Rohrkolben *(Typha minima)*
⑦ 8 × Sumpfdotterblume *(Caltha palustris)*
⑧ 5 × Schwanenblume *(Butomus umbellatus)*
⑨ 3 × Wasser-Schwertlilie *(Iris pseudacorus)*
⑩ 5 × Wasserfeder *(Hottonia palustris)*
⑪ 3 × Große Teichrose *(Nuphar lutea)*
⑫ 3 × Krebsschere *(Stratiotes aloides)*
⑬ 5 × Hornkraut *(Ceratophyllum demersum)*
⑭ 5 × Froschbiss *(Hydrocharis morsus-ranae)*

An diesen großen, naturnahen Teich schließt rechts die Kräuterspirale an.

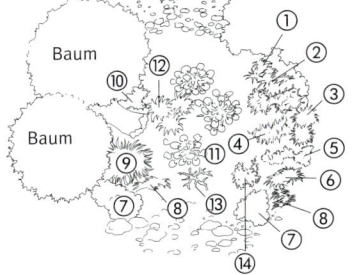

① So wurde der große Teich von Seite 19 angelegt: Stufenförmig wird die Teichgrube ausgehoben.

② Eine 15 cm dicke Sandschicht dient als Schutz der Folie und puffert den Druck des Wassers ab.

③ Zusätzlich schützt ein in Bahnen überlappend verlegtes Vlies die Folie.

④ Die Teichfolie wird in der Mitte ausgerollt und nach den Seiten entfaltet.

⑤ Die Folienränder lassen sich gleichmäßig ausrichten, wenn der Teich mit Wasser gefüllt ist.

⑥ Der gleiche Teich sieben Jahre nach seiner Anlage: Die Verlandung ist stark vorangeschritten.

Zu diesem Verlandungsprozess haben sicher auch die Laubbäume in der Nähe des Teiches beigetragen. Durch ein gründliches Auslichten und Ausräumen des Bodenschlicks ließe sich seine Vielfalt sicher wieder vergrößern.

Bachlauf mit Wasserfall

Das naturbelassene, waldartige Gelände am Hang bietet sich für diesen Wasserfall an. Dieser Bach fließt durch das Batsford Arboretum in der englischen Grafschaft Cotsworld und ist ein natürliches Gewässer. Das Wasser fließt von der Quelle in einen tiefer gelegenen Teich, der mit Iris und Etagenprimeln umsäumt ist und in dem neben Seerosen auch die Afrikanische Wasserähre *(Aponogeton distachyus)* gedeiht. Von dort windet sich der Bach über gut 300 m Länge durch ein licht umwaldetes kleines Tal, und stürzt dann aus etwa 2,50 m Höhe in zwei Stufen über felsiges Gestein herab. Weiter fließt der Bach durch einen Tunnel und verliert sich wieder zwischen Bäumen, um nach einigen Kilometern in einem kleinen Fluss zu münden.

Ein schmaler Bachlauf mit einem kleinen Wasserfall spendet Frische und lässt eine üppige Begleitflora gedeihen.

Auch wenn wohl kaum jemand ein derart großes Gelände besitzt, mag dieses Beispiel als

Der Wasserfall wurde mit Folie abgedichtet, die Steine noch einmal in ein Tonbett verlegt. Teich ①, Folie ②, Ton ③, Tauchpumpe ④, Wasserleitung ⑤, Quellbecken ⑥, Natursteine ⑦, Fundament ⑧.

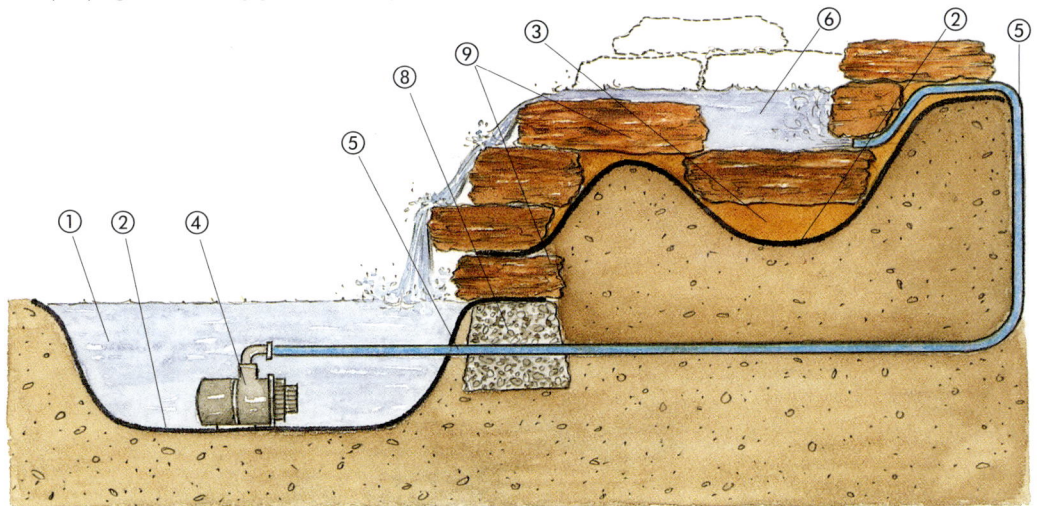

Groß und wie ein natürlicher Weiher mutet dieser von hohen Bäumen und Sträuchern umgebene, mit weißer *Iris sibirica* und anderen Uferstauden gesäumte Teich an.

Anregung dienen, ein durch das Grundstück fließendes Gewässer gestalterisch schön einzubinden. Wo sich die Gelegenheit bietet, den Bach zu einem Teich anzustauen, sollte man sie nutzen.

Sollen Seerosen und andere Schwimmpflanzen darin gedeihen, so muss das Wasser in diesem Teich zur Ruhe kommen können, das heißt: Es darf nur eine ganz geringe Strömung entstehen. Man erreicht dies, indem das Wasser in seiner Geschwindigkeit durch Steine oder andere Hindernisse gedrosselt

Die Afrikanische Wasserähre *(Aponoge-ton distachyus)* ist eine reizvolle Pflanze mit nach Vanille duftenden Blüten.

in den Teich fließt und sich der Zulauf und Abfluss des Teiches nicht direkt gegenüberliegen. Ideal ist es, wenn man außerhalb der Wasserströmung ruhige Zonen im Teich schaffen kann.

Durch den ständigen Zu- und Abfluss ist das Wasser kühl; dass darin die etwas frostempfindliche Afrikanische Wasserähre gedeiht, ist vielleicht dem milderen englischen Klima oder auch dem ständigen Durchfluss zu verdanken, der das Zufrieren des Teiches im Winter zumindest verzögern dürfte.

Der Bach ist nur von Pflanzen gesäumt. Hier gedeihen Primel-Arten von der Schlüsselblume bis zur Etagenprimel, Stauden wie Sumpfdotterblumen und Rodgersien, Knöterich und verschiedene Farnen.

Bei einem natürlichen Bach, der durch das Grundstück fließt, ließe sich ein Wasserfall durch Anstauen des Baches an einer besonders abschüssigen Stelle im Gelände gestalten.

Ein natürlich anmutender Wasserfall, wie in einer gewachsenen Felslandschaft.

Felsengarten mit einem Wasserfall in drei Stufen

Dieser Mustergarten wurde auf der Chelsea-Flower-Show 1999 in London angelegt. Aus einer Quelle wird das Wasser zunächst in einem Quellbecken aufgefangen, fließt dann sanft in einem etwa 50 cm breiten Wasserfall in ein weiteres Auffangbecken und mündet über eine weitere Fallstufe schließlich im Teich.

Die Bepflanzung ist bewusst spärlich gehalten, hier soll der Charakter des Felsengartens zur Geltung kommen. Am Rand gedeihen Japanische Iris (Iris ensata) sowie Primula vialii und einige Binsen. Vom Schilfrohr (Phragmites australis) im mittleren Becken ist für den Hausgarten grundsätzlich abzuraten. Der Bau und die Abdichtung eines Wasserfalls ist sehr aufwändig. Er bietet sich nur auf einem Hanggelände an oder dort, wo man genügend Erde aus dem Teichaushub zu einem entsprechend großen Hügel aufschütten konnte. Die ganze Wasseranlage muss mit einer Folie abgedichtet werden, von der Quelle bis an den Rand des Teiches. Wichtig ist eine gute Modellierung und Verdichtung des Untergrunds sowie ein 15 cm dickes Sandbett, das ebenfalls vorverdichtet werden sollte. Die Folie wird außerdem mit einem Schutzvlies unterlegt. Es empfiehlt sich, die Folie an Ort und Stelle passgenau zusammen zu schweißen. Auf der Teichfolie wird, durch eine doppelte Lage Vlies unterlegt, die Trockenmauer aus Steinen als »Staustufe« errichtet. Sie sollte sich leicht gegen den Hang neigen, etwa 10 cm auf einen Meter Höhenunterschied. Der Ansaugkorb der Pumpe wird zweckmäßig im Teich unter der Mündung der untersten Wasserfallstufe installiert. Die Pumpe selber muss für diesen Höhenunterschied eine Leistung von 100 Liter pro Minute aufweisen. Sie wurde in einem gesonderten Schacht außerhalb der Anlage installiert. Über eine unterirdisch verlegte Druckleitung befördert sie das Wasser an die Quelle. In den drei Stufen reinigt sich das Wasser immer wieder von selbst und reichert sich mit Sauerstoff an. Der Wasserfall verbreitet eine angenehme Frische.

Wichtig: Die Folie muss am Kopf des Wasserfalls einige Zentimeter weit unter den obersten Stein geführt werden, sodass das Wasser darüber laufen kann. Die Folie wird mit einem zum Felsgestein passenden Kies abgedeckt.

Mit mäßiger Geschwindigkeit fließt dieser natürlich anmutende, von Wasser-Schwertlilien und Etagenprimeln gesäumte Bach durch die Merriment Gardens.

che des Bachbettes gleichmäßig vom Wasser durchdrungen werden. Gestalterisch ist dieser Bach in eine farbenfrohe Staudenpflanzung eingegliedert. Das vormodellierte Bett für einen Wasserlauf im Garten braucht nicht tiefer als 30 bis 40 cm zu sein. Wie bei einem Gartenteich wird die Mulde mit Sand ausgekleidet und mit einer Folie abgedichtet. Die Teichfolie bedeckt man mit Kieselsteinen unterschiedlicher Größe.

Wichtig für das gleichmäßige Fließen des Baches ist ein genaues Nivellieren des Bachbetts vor der Anlage. Im Querschnitt müssen die beiden gegenüber

Das Wasser dieses Baches bietet eine Atmosphäre, die eine üppige Uferflora aus Trollblumen und anderen Uferstauden gedeihen lässt.

Naturnaher Bachlauf mit geringem Gefälle

Dieser etwa 50 Meter lange Bachlauf, zu besichtigen in Merriments Gardens in der englischen Grafschaft Sussex, mutet wie ein Wiesenbach an. Mit mäßiger Geschwindigkeit plätschert er zwischen Iris und Primeln dahin. Der Bach entspringt einer künstlichen Quelle und mündet in einem größeren Teich. Durch eine Pumpe mit

einer Leistung von etwa 80 Litern pro Minute wird das Wasser aus dem Teich wieder zurück an die Quelle befördert. Die Folie mit einer empfehlenswerten Stärke von 1 mm dichtet mehr ab als nur den sichtbaren Bach. Auch ein Teil der Begleitpflanzen des Baches, wie zum Beispiel die Wasser-Schwertlilien, wurden innerhalb der Abdichtung gepflanzt. Einige kleine, eingebaute Staustufen sorgen dafür, dass auch die Randberei-

Ein vormodelliertes Bett für einen Wasserlauf.

Wie bei einem Teich wird auch beim Bachlauf die Mulde mit Sand ausgekleidet und mit einer Folie abgedichtet.

liegenden Ufer gleich hoch liegen, in der Längsachse sollte das Gefälle – abgesehen von Staustufen – möglichst gleichmäßig verlaufen.

Kleiner Teich mit vielfältigem Ufer

Dieser etwa 10 m² große und 80 cm tiefe Teich fällt durch seine unterschiedlich gestalteten Uferbereiche auf. Die Hainbuchenhecke im Hintergrund spendet zeitweise Schatten und nach beiden Seiten schließt sich eine naturnahe Staudenpflanzung an. Vom Riesenbärenklau ist allerdings abzuraten. Alte Baumwurzeln sind nicht nur dekorative Elemente dieses Teiches, sie dienen auch als Verstecke für Amphibien. Wie man an den Tannenwedeln erkennt, reicht die Kiesschüttung im Vordergrund tief in den Teich hinein. Diese karge Uferregion wird sowohl von Vögeln, die an den Teich kommen, um zu trinken oder ein Bad zu nehmen, geschätzt als auch von einigen Krötenarten und Wasserfröschen. Eine dem Teich gegenüberliegende Trockenmauer sorgt für Amphibienverstecke. Abgedichtet wurde der Teich mit einer 1 mm starken PVC-Folie. Die Bepflanzung ist sparsam, allerdings dürften sich Rohrkolben und Seerosen schnell ausbreiten und den Teich bedecken.

Eine Hecke und üppige Staudenvegetation im Hintergrund sowie als Kontrast eine karge Kiesfläche am vorderen Ufer schaffen vielfältige Anreize für verschiedene Amphibienarten.

Eine abwechslungs-reiche Teichland-schaft

Das gesamte Grundstück, auf dem diese Teichlandschaft liegt, ist zwar 1 000 m² groß; das Gelände liegt jedoch an einem Steilhang, in dessen Mitte eine nur 200 m² große, ebene Fläche für die Anlage aus sechs Teichen und Tümpeln mit unterschiedlicher Beschaffenheit und Vegetationsdichte ver-

blieben. Oberhalb des Grundstücks schließt ein reichhaltiger Laubmischwald an, aus dem die Amphibien zuwandern können, unterhalb der ebenen Fläche gestaltete der Besitzer aus alten Baumstämmen, Steinen und Kiesschüttungen ein Trockenbiotop, das einigen Amphibienarten als Landlebensraum dient.

Ein erster Teich mit etwa 1 m Tiefe zieht sich länglich am Fuß der Böschung zum Waldrand

entlang. Er ist unter anderem mit Seerosen, Rohrkolben und Sumpfschwertlilien bepflanzt und wurde vor allem von Grasfröschen besiedelt. An beiden Enden sind zwei kleine flache Tümpel mit einer Tiefe von 30 bis 40 cm angegliedert, in denen die Frösche und Molche ablaichen.

Ein vierter Teich von 30 m² Oberfläche und zwei tiefsten Stellen von 70 und 80 cm wurde direkt vor der Terrasse

Eine vielfältige Teichlandschaft mit sechs verschiedenen Teichen: Lebensraum für Grasfrösche ①, Laichgewässer für verschiedene Frosch- und Molcharten ② und ③, großer Teich für Erd- und Geburtshelferkröten sowie vier Molcharten ④, Teich mit karger Vegetation, ebenfalls für Kröten und Molche ⑤, Moorschlenke ⑥.

angelegt. Die Uferzonen laufen flach aus und sind von Sand- und Kiesstreifen gesäumt. Diese karge Ufergestaltung ist für die Kröten gedacht, von denen sich neben der Erdkröte auch die seltene Geburtshelferkröte und vier Molcharten angesiedelt haben. Auch der angrenzende fünfte Teich ist karg gestaltet. Er grenzt an die Kiesschüttung der Böschung an und lockt ebenfalls Kröten und Molche an. Als sechste Wasserstelle legte der Besitzer eine flache Moorschlenke an, in der Sonnentau und andere Moorpflanzen gedeihen.

Nur noch einige mit Kieselsteinen und Natursteinplatten belegte Trittpfade führen zwi-

Der natürliche Waldrand wurde durch sechs unterschiedliche, aber naturnah gestaltete Teiche zu einem vielfältigen Amphibienlebensraum ergänzt.

Sogar die seltenen Feuersalamander sind aus dem benachbarten Wald zugewandert.

schen den Teichen hindurch. Durch die günstige Waldrandlage und die naturnahe Vielfalt der Teiche haben sich sogar Feuersalamander eingestellt. Zauneidechsen und Blindschleichen, ja auch Ringelnattern und Glattnattern fühlen sich vom Wasser angezogen. 15 verschiedene Libellenarten hat der Besitzer gezählt, auch der Gelbrandkäfer hat sich angesiedelt. Diese Teichanlage hat sich zu einer kleinen Biotoplandschaft entwickelt, die die umgebende Landschaft um einen weiteren Lebensraum bereichert.

Naturnaher Teich mit Kopfweiden und heimischen Wildfischen

Dieser 40 m² große und 1,20 m tiefe Teich liegt an der tiefsten Stelle des leicht abschüssigen Grundstücks. Von zwei Seiten ist er mit verschiedenen Weidenarten gesäumt, von denen einige als Kopfweiden von Zeit zu Zeit geschnitten werden. Der Teichrand ist weitgehend naturbelassen, ein Trittpfad führt um den Teich herum. Der schlichte Maschendrahtzaun innerhalb

Kaum zu glauben, dass dieser natürlich anmutende Teich vor sieben Jahren künstlich angelegt wurde.

des Grundstücks wurde errichtet, um die kleine Tochter zu schützen. Er ist zum Teil von Gehölzen verdeckt oder mit Kletterpflanzen berankt. Der Teich wurde mit einer 1 mm dicken PVC-Folie abgedichtet. Ein kleiner Bachlauf führt von einer Regenwasserzisterne in den Teich, wobei allerdings nur das überlaufende Wasser der 600 Liter fassenden Zisterne in den Bach läuft. Das Wasser des Baches wird mit einer 37 Watt starken Tauchpumpe, die im Teich installiert ist, zurück an die Quelle befördert. Diese Pumpe ist fünf bis sechs Stunden am Tag in Betrieb, ausgenommen im Winter. Durch den Bachlauf entstehen aufgrund von Verdunstung größere Wasserverluste. Deshalb wird von Zeit zu Zeit Wasser aus der Zisterne nachgefüllt.

Durch den angrenzenden Rasen vergrast das Bachbett sehr schnell. Der Besitzer hat daraufhin das Gras im Bachbett mit einem Abflammgerät beseitigt und anschließend dicht unter der Quelle Brunnenkresse aus-

gesät. Sie hat sich über das gesamte Bachbett verteilt. In der Mitte des Teiches gedeihen Seerosen, die Flach- und Seichtwasserränder werden von Blutweiderich, Sumpfdotterblumen und Sumpfiris gesäumt.

Teichfrösche, Erdkröten, Bergmolche und Gelbbauchunken haben sich im Teich angesiedelt. Landlebensräume für diese Amphibien bietet der naturnah gestaltete Garten in vielfältigen Variationen: Laubdecken unter Gehölzen, Trockenmauern, Holzstapel, Steinhaufen, einer Blumenwiese und mehr. Außerdem grenzt neben einer extensiv gepflegten Wiese ein Waldstück an das Gelände an.

Ein Jahr nach der Anlage 1993 setzte der Besitzer Moderlieschen, Bitterlinge mit der Malermuschel sowie Stichlinge in Schwärmen von je sieben Stück in den Teich ein. Diese Wildfische haben sich sehr stark vermehrt, beeinträchtigen aber dennoch die Fauna des Teiches kaum.

Durch die Kopfweiden ist der Teich am Tag zeitweise beschattet, was das Algenwachstum hemmt. Es ist deshalb auch noch nie zu ernsthaften Problemen gekommen, obwohl viel Herbstlaub in den Teich fällt.

Ein Bach auf dem Dach

Ein kleiner Bachlauf bringt Leben und Frische in den 50 m² großen Dachgarten. Aus einer etwas versteckt angeordneten Quelle plätschert er nur wenige, aber doch endlos erscheinende Meter durch den Rasen und verschwindet dann dicht vor der Terrasse im Untergrund. Technisch betrachtet wird das Wasser in einem 200 Liter fassenden Becken aufgefangen und mit einer im verborgenen installierten Pumpe wieder an die Quelle befördert. Dass bei diesem Kreislauf auch Wasser verdunstet, liegt auf der Hand. Deshalb regelt ein im Becken installierter Schwimmer den Wassernachschub aus der Leitung.

Schwimmteiche

Die faszinierende Welt des Wassergartens nicht nur von außen zu betrachten, sondern auch selbst in sie einzutauchen, ist ein Traum, den sich in den letzten Jahren viele Gartenbesitzer verwirklicht haben. Ohne chemische Zusätze können Sie in einem Schwimmteich wie in einem natürlichen Weiher

Wie auf dem Erdboden wurde der Wasserlauf im Dachgarten mit Folie abgedichtet.

Von Kletterpflanzen, Stauden und Rasen umgeben, plätschert der Bach auf dem Dach wie ein natürliches Fließgewässer dahin.

Die in dem 200 Liter fassenden Wasserbecken verborgene Pumpe befördert das Wasser an die Quelle des kleinen Baches auf dem Hochhausdach.

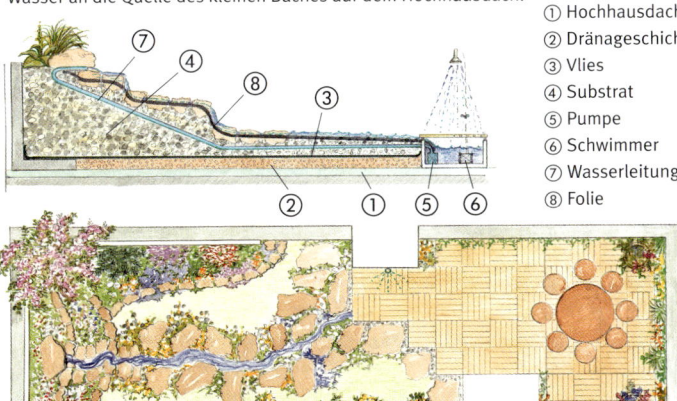

① Hochhausdach
② Dränageschicht
③ Vlies
④ Substrat
⑤ Pumpe
⑥ Schwimmer
⑦ Wasserleitung
⑧ Folie

baden. Ähnlich wie bei Sumpf-beet-Kläranlagen nehmen die Wasserpflanzen Nährstoffüber-schüsse, eventuelle Schadstoffe und sonstige Verunreinigungen auf und reinigen auf diese Weise das Wasser. Das bauliche Prinzip: In der Mitte befindet sich ein in der Regel mindestens 2 m tiefer Schwimmbereich, an den Seiten nimmt ein Vege-tationsgürtel mit Wasser- und Sumpfpflanzen noch einmal

die gleiche Flächengröße ein. Durch die Schwimmbewegung wird das Wasser aus dem Schwimmbereich gegen das der Vegetationszone ausge-tauscht.

Im Laufe der Jahre haben ver-schiedene Hersteller Systeme entwickelt, die sich einmal durch die Art der Abgrenzung vom Schwimmbereich zum Was-serpflanzengürtel, zum anderen durch den Einsatz einer Um-

wälz- und Filtertechnik unter-scheiden. Ob Filteranlagen benötigt werden oder nicht, ist zu einem großen Teil Ansichts-sache, es hängt aber auch von der Häufigkeit und Intensität der Nutzung eines Schwimmtei-ches ab. Das nachfolgende Bei-spiel ist sehr einfach gehalten und für alle Gartenbesitzer, die über genügend Platz verfügen, nachvollziehbar.

Schwimmteich mit Walltechnik

Bei diesem Teich wurde ganz auf eine Trennmauer, eine Holz-abtrennung oder andere bau-liche Abgrenzung verzichtet. Da der Teich immerhin eine Ge-samtgröße von 200 m² aufweist und der Schwimmbereich rund 100 m² groß ist, konnte hier die sogenannte Walltechnik ange-wendet werden. Anstelle einer Abgrenzung aus Baustoffen wurde zwischen Vegetations-zone und Schwimmbereich ein kleiner Erdwall aufgeschichtet, der die tiefste Stelle der Vege-tationszone um etwa 40 cm überragt. Dieser Wall wurde ver-dichtet, sodass er stabil bleibt. Die gesamte so modellierte Teichmulde ist mit einer 1,2 mm dicken Folie (mit einer Vliesun-terlage) abgedichtet. Als Sub-

Eine Oase der Frische hinter dem Haus: der eigene Schwimmteich.

strat dient eine 10 cm dicke, speziell getestete Lage aus Lehm, die Phoshor aus dem Wasser bindet und so auch der Algenbildung vorbeugt. Diese Schicht wird nicht mit Kies abgedeckt, weil sich der Vegetationsbereich so, nach Ansicht des Planers, besser reinigen lässt.

Badeteich mit Abgrenzung aus Recycling-Kunststoff

Bei diesem Schwimmteich von 120 m² Größe, einem 2 m tiefen Schwimmbereich und einer 50 cm tiefen Vegetationszone wurden zur Abgrenzung des Schwimmbereichs und der 70 m² großen Wasserpflanzenzone spezielle Elemente aus

Die einfachste Lösung für eine Abgrenzung zwischen Schwimmbereich und Vegetationszone: ein verdichteter Erdwall.

Recycling-Polyäthylen verwendet. Diese Elemente lassen sich aufgrund ihres geringen Gewichts leicht einbauen.

Dadurch lassen sich auch die Kosten erheblich senken. Die Seiten der Elemente sind verzahnt und mit Ösen ver-

Eine Trennwand aus Recycling-Kunststoff grenzt den Schwimmbereich von der Wasserpflanzenzone ab. Die Folie wurde über der Trennung verlegt.

Die Trennwandelemente aus Recycling-Kunststoff lassen sich leicht zusammensetzen.

sehen, durch die sie mit einer Stahlstange miteinander verbunden werden. Die Fugen zwischen den einzelnen Teilen schäumt man anschließend mit einem Dichtungsmittel aus. Die mit einem Vlies unterlegte 1,2 mm dicke, gewebeverstärkte Polyolefin-Folie wird durch die ganze Mulde über die Elemente verlegt. Sie wird faltenfrei von der ausführenden Firma an Ort und Stelle verschweißt.

Auf die mit Folie überdeckte Trennwand kommt eine Abdeckung aus Lärchenholz, auf der man entlang balancieren oder sitzen kann. In diesem Schwimmteich wurde auf eine Umwälz- und Filteranlage mit Pumpe verzichtet. Wenn eine Pumpe bei diesem Swimming-Teich-System installiert wird, so bringt man sie in einem außen gelegenen Schacht unter, der ebenfalls aus den Recycling-Kunststoff-Elementen gefertigt wurde.

Die exotische Wasserhyazinthe *(Eichhornia crassipes)* kann am hellen Fenster bei 10–15 °C in ca. 25 cm hohen Schalen überwintert werden.

Bei diesem Teich ist die Algenbildung auch nach drei Jahren noch gering geblieben.

Der Wassergarten im Kübel

Wer keinen Garten besitzt oder nur über ein Atrium verfügt, kann Sumpf- und Wasserpflanzen auch in Gefäßen ansiedeln: vom Mörteltrog über Waschzuber bis hin zu dekorativen Steintrögen.

Die Möglichkeiten der Bepflanzung sind natürlich sehr begrenzt. Entweder entscheiden Sie sich für nur eine einzige oder höchstens zwei Pflanzenarten pro Gefäß oder Sie müssen den Bewuchs von Jahr zu Jahr wieder ausdünnen.

Die Tiefe dieser Gefäße sollte mindestens 25 cm betragen. Setzen Sie die Pflanzen am besten in den Containern hinein, in denen Sie sie gekauft haben. Auf diese Weise ist der Drang zum Wuchern mancher Pflanzen eingeschränkt. Sie können diese Pflanzen dann auch im Winter leichter umsiedeln. Wenn Sie heimische Wasserpflanzen wählen, so vertragen diese zwar anhaltenden winterlichen Frost, doch die Gefäße sind in Gefahr. Bei teuren

Terrakotta-Schalen geht man lieber kein Risiko ein, leert sie aus und stellt die Gefäße umgedreht auf Holzklötze, damit sie nicht an den Boden anfrieren. Die Pflanzen werden unterdessen in Mörteltrögen aufbewahrt. Diese können zwar auch durch den Frost reißen, mit einem kleinen Trick lässt sich der Druck ableiten: Stellen Sie ein Stroh- oder Rohrbündel ins Wasser oder bedecken Sie etwa die Hälfte der Oberfläche mit einer dicken Styroporplatte. So friert der Trog nicht zu, und der Druck des Eises weicht dorthin aus, wo ihm am wenigsten Widerstand entgegengesetzt wird. Dieser Trick funktioniert auch bei Holzkübeln (Whiskyfässer o. ä.). Bekommen Sie kein geeignetes Gefäß für Ihren Balkon und Wassergarten, so können Sie auch eine Kiste zimmern und diese mit einer Folie (0,5 mm) auskleiden. Die Folie wird mit einer Leiste am oberen Rand der Kiste befestigt. Außen streichen Sie die Kiste farbig an.

In einen solchen Mini-Wassergarten lassen sich alle Pflanzen der Seicht- und Flachwasserzone ansiedeln, einschließlich der für flaches Wasser geeigneten Seerosensorten.

In verschieden großen Holz-
trögen finden unter anderem
Froschlöffel, Sumpf-Vergissmeinnicht, Zungenhahnenfuß,
Japanische Sumpf-Schwertlilie
und die Seerose *Nymphaea
tuberosa* 'Richardsonii' Platz.
Nicht winterharte Exoten,
wie Wasserhyazinthe und
Wassersalat, können eben-
falls im Kübelteich gehalten
werden, müssen aber zur
Überwinterung ins Haus bzw.
in die Wohnung kommen.

Ein Arrangement mit drei
Terrakotta-Kübeln, in denen
u. a. die rot blühende Seerose 'James Brydon', die
Zwergseerose *Nymphaea
tetragona* sowie Pfeilkraut,
Fieberklee und das rot-
braune Feenmoos gedeihen.

Gestaltungsideen mit Regenwasser

Wassergraben unter der Traufe

Auf eine Dachrinne mit Fallrohr wurde bei der Fertigungshalle einer Firma in Dorsten (Westfalen) verzichtet. Das Regenwasser tropft über die Traufe herab in einen Wassergraben. Dieser Graben wurde mit einer 1 mm dicken Teichfolie abgedichtet und mit Rohrkolben, Binsen, Schwertlilien und anderen Sumpfgewächsen bepflanzt. Hat er sich gefüllt, so läuft das durch die Pflanzen

Ein Graben unter der Traufe des Halle fängt das herabtropfende Wasser auf, das dann, durch die Pflanzen gereinigt, in einen Teich fließt.

gereinigte Wasser in einen Teich, wo es zum Bewässern von Pflanzen der betriebseigenen Gärtnerei zur Verfügung steht. Diese Art der Regenwasserverwertung bietet sich auch im Hausgarten an, zum Beispiel an Gewächshäusern oder Geräteschuppen.

Ins Kiesbeet geleitet

Der Gartenarchitekt Tjards Wendebourg von der Planungsgruppe »Digitalis« in Hannover legt großen Wert auf eine naturgerechte Rückführung des Regenwassers in den Boden. In diesem Garten erweiterte er

Über eine Holzrinne (siehe Bild rechts) gelangt das Wasser vom Regenfallrohr in die mit Blutweiderich, Wasser-Schwertlilien und anderen Sumpfstauden bepflanzte Mulde, wo es allmählich versickert.

den Kiesstreifen unter dem Dachvorsprung zu einem Kiesbeet, das einige Meter weit in den Garten hineinragt. Das Regenwasser aus zwei Fallrohren der Dachrinne wird in dieses etwa 90 cm tiefe Kiesbeet geleitet. Die Stauden rund um das Kiesbeet vertragen den kargen Standort, strecken mehr und mehr ihre Wurzeln nach dem Wasser aus und überwachsen die Steine mit der Zeit.

Bei der Anlage des großen Gartenteiches (oben) wurde auch an die Aufnahme des Regenwassers gedacht. Bei Regen rinnt es aus dem Fallrohr über eine bekieste Rinne (links) in den Teich. Ein kleines, künstlich angelegtes, mit Wollgras und Torfmoos bewachsenes Moor nimmt das überlaufende Wasser auf (unten).

Sumpfmulde im Sandboden

In einem norddeutschen Garten mit sandigem Boden wurde eine Mulde angelegt, die weder durch Lehm oder Ton noch durch eine Folie abgedichtet ist. In dieser Mulde gedeihen typische Sumpfpflanzen wie die Wasserschwertlilie, Sumpfdotterblumen, Blutweiderich, Binsen und andere. Über Holzrinnen wird das Regenwasser vom Fallrohr des Hauses über das leicht abschüssige Gelände an die Oberkante einer Trockenmauer geleitet, hinter der es in einer Kiesschicht versickert, aber in den Fugen der Trockenmauer wieder nach außen tritt. Anschließend sammelt es sich wieder in Rinnen und fließt schließlich in die Mulde. Bei an-

haltenden starken Niederschlägen sammelt sich das Wasser und versickert allmählich. Eine Lösung, die sich auch mit einer Blumenwiese kombinieren lässt.

Teich mit Feuchtwiesen und Moorflora

In diesem Naturgarten nehmen die Randzonen des Teiches überlaufendes Wasser auf und geben die Feuchtigkeit langsam an den umgebenden Boden ab: Ein mit Rohrkolben und Schwertlilien bepflanzter Wassergraben, eine Feuchtwiese und eine kleine Moorvegetation, die bei dem ohnehin sauren Boden im nördlichen Niedersachsen ohne Torf angelegt werden konnte. Das Regenwasser des Hausdaches gelangt über ein steiniges Rinnsal in den Teich, füllt ihn nach langen Trockenperioden wieder auf, und das überschüssige Wasser wird in Randbereichen aufgenommen.

Aus dem Regenwasser-Fallrohr gelangt das Wasser durch ein serpentinenförmig verlegtes, geschlitztes Kunststoffrohr ins Sumpfbeet. Dort wird es von den Pflanzen geklärt und gelangt durch einen Überlauf und über eine Pflasterrinne in den benachbarten Teich.

Feuchtbeete am Terrassenrand

Zuerst ins Sumpfbeet, dann in den Teich lässt die Firma »Naturwuchs«, Spezialbetrieb für naturgemäße Gartengestaltung aus Gilching bei München, das Regenwasser in den Teich laufen:

Rechts und links neben der Terrasse befindet sich je ein Fallrohr der Regenrinne. Aus diesen Fallrohren läuft das Regenwasser direkt in je ein Sumpfbeet. Diese Beete sind 1,20 m breit und 3 m lang. Wie bei einem Teich wurde zunächst eine Mulde ausgehoben, etwa 40 cm tief und mit einer Folie abgedichtet. Darin wurde ein Kiesbett angelegt, durch dessen Inneres sich ein mit Schlitzen versehenes Kunststoffrohr schlängelt, das an das Fallrohr der Dachrinne angeschlossen ist. Das ganze

Der Teich nimmt das geklärte Regenwasser des Wohnhauses im Hintergrund auf.

Das Sumpfbeet neben der Terrasse, mit Überlauf und Pflasterrinne.

Beet ist mit einer Naturstein-
kante eingefasst und mit den
heimischen Sumpfgewächsen
bepflanzt. Bei einem Regenguss
wird das Wasser aus dem Fallrohr durch das geschlitzte Rohr
gleichmäßig im Kiesboden des
Sumpfbeetes verteilt. Das durch
die Pflanzen geklärte Wasser
gelangt über eine Pflasterrinne
in einen kleinen Bach und von
dort in den Gartenteich.

Klärbeet vor dem Badeteich

Das gleiche Prinzip, jedoch
etwas größer wurde in einem
anderen Garten verwirklicht.
Nach dem Vorbild der Wurzelraum-Kläranlagen wurde hier
ein Sumpfbeet in zwei Stufen
zwischen Regenwasser-Fallrohr
und Badeteich angelegt. Wie
im vorigen Beispiel leitet ein
in Serpentinen verlegtes geschlitztes Kunststoffrohr das
Regenwasser aus dem Fallrohr
durch die obere Stufe eines
Kiesbeets, in dem Repositionspflanzen gedeihen. Über eine
Stufe rinnt das vorgeklärte Wasser in ein zweites, etwas tiefer-
gelegenes Becken, das in gleicher Weise bepflanzt ist und
das Wasser noch einmal reinigt.
Von dort aus gelangt es in den
Badeteich.

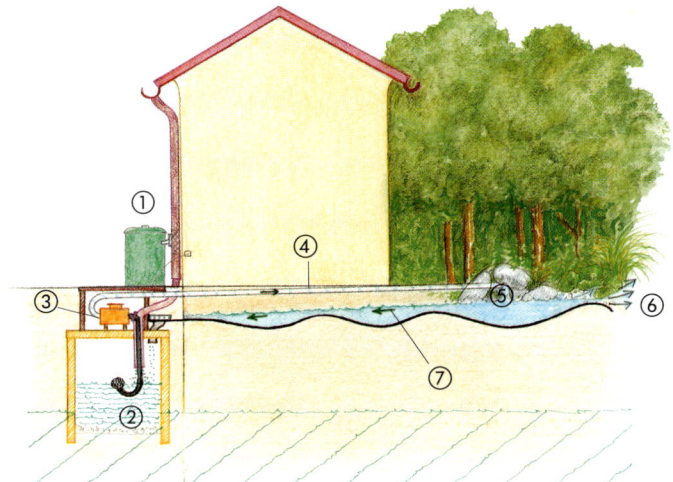

Regenwasser wird hier zur Bewässerung der Stauden eingesetzt, die im Regenschat-
ten hoher Bäume wachsen.
① Fallrohr, ② Zisterne und Grundwasserschacht, ③ Pumpe, ④ Wasserleitung zur
Quelle, ⑤ Quelle, ⑥ Bodenbefeuchtung durch Kapillarkraft, ⑦ Wasserlauf zur Bodenbefeuchtung mit Anschluss an die Zisterne.

Wasserversorgung im Regenschatten

In diesem baumreichen Garten
soll das Regenwasser nicht nur
dem Boden, sondern auch den
Pflanzen zugeführt werden. Im
schmalen Vorgarten befinden
sich hohe Eichen, Ahorne und
andere Laubbäume. Beim Bau
des Hauses ging man damals so
weit an die Bäume heran, dass
gerade noch die Wurzeln nicht
beschädigt werden. Durch das
überstehende Hausdach und
die ausladenden Baumkronen
lag der Boden jedoch im »Re-
genschatten«, er blieb auch bei
anhaltenden Niederschlägen

trocken. Unter den Bäumen ge-
dieh kaum noch etwas. Das Regenwasser wurde hier auf andere Weise zugeführt.
In diesem Garten ist das Fallrohr
der Dachrinne direkt mit einem
4 m tiefen, aus Betonringen ge-
stütztem Sickerschacht verbunden. Das Regenwasser rinnt
also durch diesen Schacht direkt
ins Grundwasser, dessen Pegel
zwischen 1,50 und 1,80 m Tiefe
schwankt. Auf dem Boden des
Schachts befindet sich eine
Unterwasserpumpe, die das
Wasser durch eine unterirdisch
verlegte Leitung zu einer künstlichen Quelle befördert. Von

dort führt eine flache, mit einer 2 m breiten Folie abgedichtete Mulde durch die trockenen Bereiche unter den Bäumen. Die Folie ist mit Mergel aus dem Untergrund bedeckt und das Ganze mit Sumpfgewächsen bepflanzt. Anders als bei Gartenteichen unterbricht die Folie dieser Mulde nicht die Verbindung zwischen Wasser und dem umgebenden Erdreich. Die Mergelschicht ist mit der umgebenden Erde verbunden, die Kapillarwirkung gewollt.

Das Wasser wird aus dem Schacht zur Quelle gepumpt und füllt den mit mehreren Staustufen versehenen, leicht abschüssigen Wasserlauf, bis das Wasser leicht über die Ufer tritt. Die trockene Erde der Umgebung saugt das Wasser auf, sodass es den Stauden zugute kommt. Die Erfahrung des Besitzers: Die Kapillarwirkung reicht nicht ganz aus. Die Erde wird nur in den Randbereichen bis zu einem Meter vom Ufer entfernt feucht. Er muss also von Zeit zu Zeit zusätzlich wässern, natürlich mit dem gesammelten Regen- oder Grundwasser. Ursprünglich mündete der Wasserlauf in den Gartenteich. Da zum einen das Grundwasser nährstoffreich ist, zum anderen herabfallendes Laub das Wasser

mit Nährstoffen anreichert, bildeten sich Algen im Teich. Wahrscheinlich lag es auch daran, dass der Besitzer zu viel Wasser hatte laufen lassen, nach eigenen Angaben im Sommer zwischen 2 und 3 m³ pro Tag. Das Wasser gelangte zu schnell in den Teich und konnte durch die Pflanzen nicht von der Nährstofffracht befreit werden. Der Gartenbesitzer hat daraufhin die Verbindung des Wasserlaufs zum Teich unterbrochen. Seitdem ist das Teichwasser algenfrei und klar.

Ein kleines Moor im Garten

Unsere Moore sind im Laufe von Millionen Jahren durch die Ablagerungen von Moosen und anderen Pflanzen im Sumpf gewachsen. Daraus entstand Torf, eine saure, keimfreie und nährstoffarme Substanz, die vor allem in den letzten fünf Jahrzehnten derart stark abgebaut wurde, dass die Moorflächen in Deutschland mit ihrer einzigartigen Flora und Fauna bis auf wenige Restgebiete zusammengeschrumpft sind. Der in großem Umfang abgebaute Torf wurde in Gärtneien sowie in öffentlichen und privaten

Gärten verbraucht, oft unnötigerweise.

Wer sich ein kleines Moor im Garten anlegen will, braucht einen nährstoffarmen, sauren Boden, eigentlich Torf. Aber: Ist das eigene Moor einige Sack Torf wert, die der Flora im richtigen Moor verloren gehen? Wenn Ihr Gartenboden ohnehin schon im sauren Milieu (unter pH = 5) liegt, brauchen Sie keinen Torf mehr. Haben Sie genug Geduld, so sammeln Sie doch die Erde aus Blumentöpfen von abgestorbenen Blumen, eventuell auch aus Gärtnereien. Vielleicht haben Sie ja eine Quelle, aus

Wollgras ist eine typische und attraktive Moorpflanze.

Moorvegetation mit der rosarot blühenden Kuckuckslichtnelke, Torfmoos, Wollgras und verschiedenen anderen Gräsern.

ein, vor allem dann, wenn Sie mit selbst gesammelten Torfresten aus Blumentöpfen, Baumrinde oder ähnlichem experimentieren. Wichtig ist, dass das Moor nie trockenfällt. Und da es weiches Wasser mit niedrigem pH-Wert braucht, kann man das Wasser aus der Regenrinne zulaufen lassen.

Achten Sie in den ersten Monaten nach dem Pflanzen auf Wildkräuter und Gehölzsämlinge. Sie dürfen nicht geduldet werden, sonst haben sie die meist zarteren Moorgewächse schnell überwuchert und verdrängt.

der Sie derartige Reste bekommen. Doch Vorsicht: Bevor Sie diesen Torfreste wiederverwenden, sollten Sie sie eine Zeitlang lagern und eventuell Gründüngungspflanzen wie Senf, Raps oder Ölrettich oder *Phacelia* darauf anbauen. Diese Pflanzen entziehen dem Torf eventuelle Düngerreste und helfen, die Rückstände giftiger Pflanzenschutzmittel abzubauen. Am Wachstum dieser Pflanzen sehen Sie auch, wie nährstoffreich das Substrat noch ist. Wenn das Wachstum sichtbar nachlässt, können Sie den Torf zur Gestaltung Ihres kleinen Moores verwenden.

Ein kleines Moor lässt sich leicht an den Gartenteich angliedern, als eine Art Sumpfzone oder im Überlaufbereich des Teiches. **Voraussetzung** ist aber auch **weitgehend kalkfreies Wasser.** Wollen Sie ein Moor für sich allein gestalten, so dichten Sie mit einer 0,5-mm-Folie eine flache Mulde von höchstens 40 cm Tiefe ab. Im tiefen Bereich kann es eine Lache geben, in der sich das Wasser sammelt, ansonsten ist das Moor mit dem von Ihnen gewählten Substrat gefüllt. Moorgewächse sollten und dürfen Sie nicht aus der Natur entnehmen. Sie bekommen sie auch in Spezialgärtnereien zu kaufen. Setzen Sie sie sparsam

Teichanlage Schritt für Schritt

Die Anlage eines Gartenteichs bereitet keine großen Probleme, wenn Sie einige wichtige Details berücksichtigen und wie nachfolgend beschrieben vorgehen.

Teichaushub in drei Schichten

Markieren Sie zunächst den **Teichumriss:** Je nach Größe mit einem langen Seil, einem Schlauch, Sand, Kalk, Sägemehl oder einigen in den Boden geschlagenen Pflöcken. Nehmen Sie sich viel Zeit dazu und prüfen Sie die abgesteckte Form immer wieder, bis sie sich wie ein natürliches Gewässer in die Umgebung des Gartens einfügt. Stecken Sie die Umrisse um etwa 20 bis 30 cm größer ab als den geplanten Teich, um etwas Spielraum zum Arbeiten zu gewinnen.

Stimmt die Form, so können sie beginnen, die **obere Mutterbodenschicht** auszuheben. Bei einem normalen Gartenboden geht das zunächst mit dem Spaten und dann mit der Schaufel, mit der Sie die gelockerte Erde hinausschaufeln. Stellen Sie am

◀ Dieser große Gartenteich verbindet mehrere benachbarte Reihenhausgärten zu einer Einheit.

Rand eine Schubkarre bereit, um die herausgeschaufelte Erde zumindest einige Meter entfernt abkippen zu können. Direkt am Teichrand gelagerte Erdhaufen sind hinderlich bei der Arbeit. Ideal ist es, wenn Sie die Erde sofort im Garten verteilen können.

Die zweite Schicht des Aushubs wird auf der Sohle des ersten markiert, natürlich entsprechend weiter nach innen gerückt. Nun arbeiten Sie sich mit Schaufel und Spaten eine weitere Schicht tiefer vor. Diesen Aushub sollten Sie gesondert lagern. Er könnte als Kern eines später aufgeschütteten Hügels verwendet werden oder wieder als Ausgleich beim Planieren der Teichmulde eingesetzt werden.

Mit der **untersten Schicht** verfahren Sie ebenso wie mit den beiden vorigen Lagen Erde. Bei einem steinigen Untergrund kommt hier mitunter die Kreuzhacke zum Einsatz. In der Regel ist diese tiefe, rein mineralische Schicht nährstoffarm. Sie eignet sich deshalb als Pflanzerde für die Wasserpflanzen. Lagern Sie

diese Schicht ebenso an gesonderter Stelle.

Das Feinplanum

Nun wird die Teichmulde fein planiert. Besonders wichtig ist der Teichrand. Er muss überall die gleiche Höhe aufweisen. Denn der Wasserspiegel ist später auf jeden Fall eben. Bei einem Teichrand mit ungleichmäßiger Geländehöhe läuft das Wasser an der tiefsten Stelle über, während an den höheren Rändern unter Umständen die Folie herausschaut.

Höhenmessung

Legen Sie den Teich an Ihrer Terrasse an, so wählen Sie einen bestimmten Punkt der

Nach den mit Pflöcken abgesteckten Umrissen der Teichmulde wird die Kante abgestochen.

Terrassenkante als Ausgangs-
höhe und kennzeichnen ihn mit
der Höhenmaßzahl 0,00. Der
Teichrand sollte etwas tiefer liegen zum Beispiel auf der Höhe
–0,30 cm. Sie nehmen also ein
Brett mit gerader Kante, befesti-
gen auf der Kante mit Draht eine
Wasserwaage und legen das
Brett genau waagerecht auf
dem markierten Punkt der Terrassenkante an. Baufachleute
verwenden auch ein so genann-
tes Richtscheid, eine Alumini-
umleiste mit eingebauter Wasserwaage.

Am anderen Ende des Bretts
oder im gewünschten Abstand
zur Terrasse schlagen sie einen
Pflock in den Boden, auf den
Sie mittels Wasserwaage die
Höhe 0,00 übertragen. Nun
brauchen Sie nur noch an dem

Die fertige Teichmulde wird an mehreren Stellen mit einem Maßband
oder Seil gemessen, um den Folienbedarf zu ermitteln.

Pflock 30 cm nach unten zu
messen und dieses Maß mit

einem Strich an dem Pflock zu
markieren. So haben Sie die
gewünschte Geländehöhe ge-
funden.

Mit der Wasserwaage und dem
Brett übertragen Sie nun die ge-
wählte Geländehöhe rund um
den Teich auf weitere, dort ein-
geschlagene Pflöcke. In dieser
Höhe soll die Folienabdichtung
(oder eine andere) enden, und
zwar waagerecht an die Oberfläche des umliegenden Erdrei-
ches anschließend. Sie können
die Erde rund um den Teich
schon so gleichmäßig nach dieser Höhe planieren.

In der Teichmulde wird das Gefälle in der gleichen beschriebenen Weise gemessen. Bei
einem Gefälle von 1:3 beträgt
die Tiefe des Teiches – also
90 cm vom Rand entfernt –

Mit einem waagerecht über die Teichmulde
gelegten Brett und einem Zollstock lässt sich
die Tiefe des Teiches an jeder Stelle messen.

Ebenfalls ein Brett und eine darüber gelegte Wasserwaage dienen zur
Übertragung der gewählten Höhe von Pflock zu Pflock.

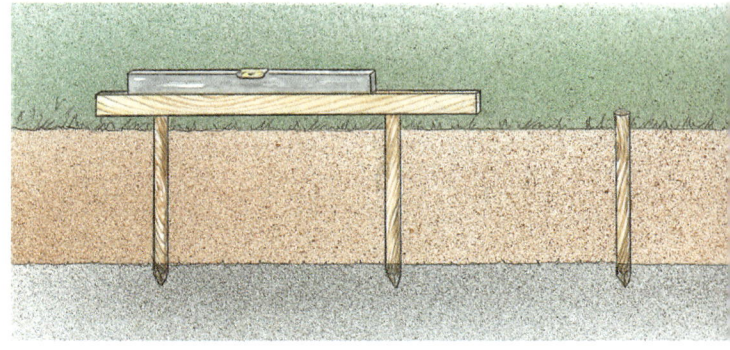

30 cm. Das heißt jedoch nicht, dass die Flachwasserzone rund um den Teich gleichmäßig 90 cm breit sein sollte. Sie können sie an manchen Stellen ausweiten, wodurch in diesen Bereichen ein noch geringeres Gefälle entsteht. Auch größere Flächen mit einer gleichmäßigen Wassertiefe von beispielsweise 25 cm sind denkbar. Bedenken Sie: Die meisten Pflanzen des Teiches sind in der Flachwasserzone zu Hause. Räumen Sie diesem Bereich also viel Platz ein.

Grobe Unebenheiten werden mit der Schaufel ausgeglichen, ansonsten wird mit dem Rechen gearbeitet. Empfehlenswert ist es, die einzelnen Tiefenzonen als **Podeste** auszubilden, zwischen denen Sie aber **sanfte Übergänge** schaffen sollten. Auch die Podeste müssen nicht genau waagerecht sein. Natürlicher ist ein leichtes Gefälle zur Teichmitte. Achten Sie darauf, dass auch die tiefste Stelle eine sanft modellierte Mulde und nicht einen Trichter bildet.

Spitze Steine müssen ebenso sorgfältig entfernt werden wie starke Wurzeln und andere Gegenstände, die die spätere Abdichtung verletzen könnten. Bei einem lockeren Untergrund empfiehlt es sich, den geglät-

teten Boden der Teichmulde zu stampfen oder mit der Schaufel festzuklopfen.

Die Folie einbauen

Erst jetzt sollten Sie den **Folienbedarf ausmessen.** Fertigen Sie dazu eine Skizze an und messen Sie mit einem Maßband an verschiedenen Stellen in Längs- und Querrichtung durch die Teichmulde hindurch. Anstelle des Maßbandes tut es auch ein Bindfaden, bei dem man die abgegriffene Entfernung mit einem Knoten markiert und hin-

terher die Länge mit dem Zollstock misst. Die gemessenen Maße sowie die Abstände der Maßlinien werden in die Skizze eingetragen. Nach dieser Skizze schweißen Ihnen die Vertreiber oder Hersteller die Folienbahnen auf Wunsch zusammen. Wenn Sie dies selbst tun wollen, so ist ihnen auch dazu die Skizze von Nutzen.

Welche **Folienstärke** Sie wählen, das hängt von der Größe des Teiches sowie von der möglichen Belastung von außen (z. B. durch Steine im Boden) und innen (z. B. Schwimmteich, stark wachsende Rohrkolben)

Bei der Anlage dieses Teiches wurde auf das Sandbett verzichtet.
Auf sandigem Boden reicht der Schutz des Vlieses aus. Hier wird es ausgerollt.

① Die Teichfolie wird durch die Mitte der mit Vlies ausgekleideten Mulde ausgerollt ...

② ... und nach rechts und links auseinandergezogen, bis sie die gesamte Teichmulde bedeckt.

③ Falten lassen sich nicht vermeiden, aber verringern, indem man sie zu mehreren großen zusammenlegt.

④ Die Teichsohle ist mit einer dünnen Kiesschicht bedeckt. Nun kann das Wasser einlaufen.

ab. Bei einem kleinen Teich reicht meistens eine 0,5 mm dicke Folie, für größere Teiche sollten Sie schon die 1 mm dicke Folie, für sehr große Gewässer, zum Beispiel Schwimmteiche, die 1,2 mm-Folie wählen.

Sachgerechter Einbau

Wichtiger noch als die Stärke der Folie ist jedoch ihr sachgerechter Einbau. Wer nicht gerade auf einem Sandboden baut, sollte eine 10 bis 15 cm dicke Lage **Sand** einbringen. Diese

Schicht gleicht den Druck des Wassers aus und schützt die Folie vor Steinen und anderen spitzen Gegenständen. Außerdem muss jede Folie mit einem **Vlies** unterlegt werden. Dieses Vlies besteht aus Kunststoff und wird in Bahnen verlegt, wobei

sich die einzelnen Bahnen um etwa 10 cm überlappen.
Auf diesem Vlies breitet man die Teichfolie aus. Wie im ersten Kapitel erwähnt, lassen sich nur die Bahnen von PVC-Folien und Kautschukfolien mit einem speziellen Kleber aneinanderfügen, nicht aber PE-Folien. Sie müssen mit einem Spezialgerät von der Liefer- oder Herstellerfirma zusammengefügt werden. Die meisten Folien-Lieferanten verbinden Ihnen auf Wunsch auch PVC- und Kautschukfolien. Machen Sie von diesem Service Gebrauch, wenn Sie mit dieser Technik keine Erfahrung haben, denn die Gefahr, dass die Folie an den Nahtstellen undicht wird, ist dann sehr groß.

Folien selbst verschweißen

Wer es dennoch versuchen will: Äußerste Sauberkeit und Sorgfalt ist dringend erforderlich! Keine Erdkrume, kein Sandkörnchen, kein Wassertropfen oder Wollfussel darf beim Kleben auf die einander überlappenden Ränder der Folienbahnen geraten. Bei PVC-Folie wird ein Mittel verwendet, das den Kunststoff etwas löst und auf diese Weise verbindet. Fügen Sie die Bahnen auf einer sauberen,

glatten Unterlage, zum Beispiel einer Terrassenfläche oder einem unterlegten, möglichst breiten Brett aneinander.
Da das Lösungsmittel ätzend wirkt und die Nasenschleimhäute reizt, sollte man unbedingt säurefeste Gummihandschuhe, Atemschutz und eventuell auch eine Schutzbrille tragen. Die Ränder der Bahnen werden auf der Unterlage um etwa 5 cm überlappend zusammengelegt. Dazwischen wird das Kaltschweißmittel mit einem guten Pinsel, der keine Borsten verliert, gestrichen und sofort ein Sandsack nachgezogen, der die geschweißten Nähte beschwert. Am besten führt man diese Arbeit zu zweit aus. Die Mindesttemperatur zur Verarbeitung des Kaltschweißmittels beträgt 15 °C. Besser sind Temperaturen um 20 °C. Ähnlich werden Kautschukfolien miteinander verklebt.

Die Folie richtig auslegen

Wenn Sie die Folie nach Ihrer Maßskizze passend und fertig verschweißt bestellen, dann liefert die Firma das Folienstück so gefaltet und zusammengerollt an, dass Sie es leicht in der Teichmulde ausbreiten können. Sie rollen die Folie zunächst von einem Teichrand zum ande-

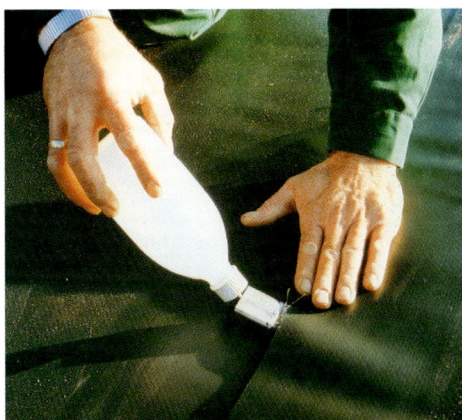

Um ungefähr fünf Zentimeter überlappend werden die Bahnen der PVC-Folie mit einem Kaltschweißmittel miteinander verbunden.

ren durch die Mitte der Teichgrube, anschließend können Sie die Folie nach beiden Seiten auseinanderfalten. Ziehen Sie die Folie so glatt wie möglich. Sie werden bald feststellen, dass sich Falten nicht vermeiden lassen. Dulden Sie dann aber nicht zu viele Falten kreuz und quer durch den Teich, sondern legen Sie die vielen kleinen an unvermeidbaren Stellen zu einigen großen Falten zusammen.
Sie können nun den Teich zumindest im tiefen Bereich schon einmal mit Wasser füllen. Durch das Gewicht des Wassers wird die Folie in der Mitte des Teiches fixiert, sodass Sie sie nach den Rändern hin noch einmal glattziehen können.

Häufig passieren Fehler durch eine falsche Randverarbeitung. Um diese auszugleichen, werden im Fachhandel Matten aus Kunststoffgeflecht oder Kokosfaser angeboten, die man über die freiliegenden Folienränder legen, mit Erde füllen und bepflanzen kann. In der Tat lassen sich die Folien auf diese Weise verdecken. Wer sie aber am Rand richtig einbaut, kann auf derlei Zubehör von vornherein verzichten.

10 cm Höhe. Auf dieser Fläche streichen Sie die Folie, so gut es geht, glatt und richten sie am Rand im rechten Winkel auf, sodass der Rand senkrecht steht. Im Inneren wird die Folie nun mit Kies oder nährstoffarmem Teichaushub beschwert, außen planiert man die Erde entsprechend den Höhenmarkierungen der Pflöcke.

Prüfen Sie bei dieser Gelegenheit noch einmal, ob der Teichrand rundum gleiche Höhe hat und korrigieren Sie gegebenen-

Kapillarsperre: Der senkrecht aufgestellte Folienrand wird ebenerdig abgeschnitten.

Der Teichrand

Besondere Aufmerksamkeit sollten Sie der Verarbeitung der Folie am Teichrand widmen. Leider wird an dieser Stelle die Folie oft falsch verlegt, sodass sie an den Teichrändern herausragt. Das ist nicht nur hässlich, es mindert auch die Haltbarkeit der Folie. Teichfolien sind zwar alle gegen den Einfluss des UV-Lichts stabilisiert, wenn sie aber täglich dem Licht und extremen Temperaturunterschieden im Sommer und Winter ausgesetzt sind, werden sie allmählich brüchig und schließlich undicht. Schaffen Sie am Rand der Teichmulde eine ebene Fläche von etwa 30 bis 50 cm Breite und

Folieneinbau am Teichrand

① Falsch: Die Folie ragt hässlich und unnatürlich über den Teichrand hinaus. Durch den Einfluss des UV-Lichts wird sie mit der Zeit spröde.

② Falsch: Der Wasserspiegel ist mit dem Erdreich am Ufer verbunden. Bei Trockenheit wird dem Teich infolge der Kapillarwirkung Wasser entzogen.

③ Richtig: Der Folienrand trennt den Wasserspiegel vom Erdreich.

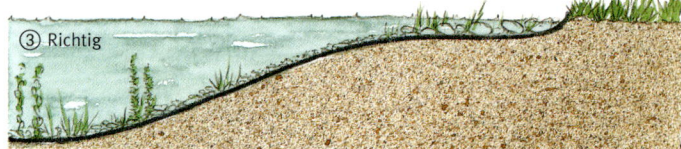

falls die Höhe noch einmal. Warten Sie ein bis zwei Wochen, bis
sich die Folie dem mit Wasser
gefüllten Teichbett angeglichen
hat. Dann wird sie nach den
Höhenmarkierungen, die sie
nun ein letztes Mal überprüfen
sollten, bodeneben abgeschnitten, sodass zwischen dem
Erdreich am Ufer und der Kiesschüttung innerhalb der Abdichtung nur noch die Folienkante
zu sehen ist.

Kapillarsperre

Durch die Trennung des Teiches
vom ihn umgebenden Erdreich
schaffen Sie eine Kapillarsperre.
Wären Teich und Erde an der
Oberfläche miteinander verbunden, so würde das ausgetrock-
nete Erdreich im Sommer das
Wasser aus dem Teich saugen.
Oft glauben dann die Garten-
freunde, die Folie ihres Teiches
sei undicht geworden, doch
es ist nur die enorme Dochtwirkung des Bodens. Die senkrecht
gestellte Folie trennt Teich
und Erdreich voneinander und
beugt dieser Erscheinung
vor. Ihre abgeschnittene Kante
lässt sich leicht mit ein paar
Steinen verdecken. Sie ist
ohnehin nach einem Jahr zwischen den Pflanzen nicht
mehr zu sehen.

Der Teich reicht hier bis ans Haus heran und wird am Ufer von der Holzterrasse überragt. Im Winter reflektiert das Wasser Sonnenlicht durch die große Fensterfront.

Ist ein Überlauf nötig?

Manche Teichfreunde fragen
besorgt, ob der Teich nach
einem schweren Wolkenbruch
nicht überläuft und ob dem
nicht durch einen Abfluss oder
geregelten Überlauf vorgebeugt
werden sollte. In aller Regel ist
ein Überlauf nicht nötig. Der
Boden rund um den Teich saugt
das überlaufende Wasser auf,
ohne dass es sich staut. Das
heißt, Sie bemerken es kaum,
dass da Wasser überläuft. Sollte
aber von einem Dach das Regenwasser zugeführt werden

oder grenzt der Teich unmittelbar an eine Terrasse, so ist –
je nach Wassermenge – ein ge-
regelter Überlauf durchaus
empfehlenswert. Sie können ihn
ganz einfach schaffen, indem
Sie eine Stelle des Teichrandes
um etwa 10 cm tiefer legen als
die von Ihnen festgelegte
gleichmäßige Höhe. Wichtig:
Das Wasser muss dort auch
wirklich aus dem Teich heraus-
fließen können, das heißt, es
darf kein Rückstau entstehen,
bei dem eventuell Erde vom
Ufer in den Teich geschwemmt
wird. Sie können einen kleinen

Wassergraben anschließen, der ebenfalls mit einer Folie abgedichtet ist, oder auch das Wasser in einer Mulde im Boden versickern lassen.

Neben diesen naturnahen Möglichkeiten können Sie das überlaufende Wasser natürlich auch durch ein Rohr in die Kanalisation leiten.

Nach dem Folieneinbau kann der Teich entweder zuerst mit Wasser befüllt oder bepflanzt werden. Beides hat Vor- und Nachteile. Wenden wir uns zunächst dem Wasser zu.

Welches Wasser ist am besten?

Eindeutig **Regenwasser!** An der Bayerischen Landesanstalt für Weinbau und Gartenbau (LWG) in Veitshöchheim hat man festgestellt, dass Regenwasser besser ist als sein Ruf. Der Gehalt an Schwermetallen wie Kupfer, Blei und Zink aus der Dachrinne ist geringer als manchmal im Trinkwasser und es enthält auch kaum Kalk, kaum Nitrate oder Phosphate. Regenwasser ist weich und äußerst nährstoffarm. Somit haben darin auch Algen keine Chancen, sich auszubreiten. Die

Frage ist nur, ob die gewünschte Menge in relativ kurzer Zeit von einem nicht zu weit entfernt gelegenen Dach in den Teich geleitet werden kann. Daran scheitert oft das lobenswerte Vorhaben, den Teich allein mit Regenwasser zu füllen. Zwei andere natürliche Möglichkeiten, den Teich zu füllen, bietet **Brunnenwasser** oder das **Wasser aus einem natürlichen Gewässer.** Diese Gelegenheiten bieten sich nicht jedem. Das Wasser aus einem Brunnen, einer Quelle oder einem natürlichen Gewässer kann sehr unterschiedliche Qualität haben. Es kann absolut klar, rein, ja sogar trinkbar, aber auch von Nitraten, Phosphaten, Schwermetallen und anderen Schadstoffen belastet sein. Über die Qualität des Grundwassers oder des Wasser aus einem öffentlichen Gewässer gibt Ihnen das Wasserwirtschaftsamt Auskunft. Andernfalls müssten Sie eine Gewässerprobe in einem Labor untersuchen lassen.

Kalkgehalt und pH-Wert

Letztendlich bleibt meistens nur noch das **Leitungswasser** zum Füllen des Teiches. Auch dieses Wasser hat je nach Herkunft unterschiedliche Qualität, die vor

◀ **Der pH-Wert** Ein Wassermolekül besteht aus einem Sauerstoffatom und zwei Wasserstoffatomen ①. Durch bestimmte Einflüsse können einzelne Wasserstoffatome zu einem anderen Wassermolekül wechseln ②, sodass manche Moleküle drei Wasserstoffatome, andere nur eins besitzen ③. Je mehr Wassermoleküle mit drei Wasserstoffatomen im Wasser vorhanden sind, desto niedriger liegt der pH-Wert, desto saurer das Wasser ④. Halten sich die Moleküle die Waage, liegt der pH-Wert bei 7 im neutralen Bereich ⑤. Bei einem Übergewicht von Molekülen mit nur einem Wasserstoffatom ist das Wasser alkalisch ⑦.

allem durch den Kalkgehalt beeinflusst wird. Der **Kalkgehalt** wird mit der Maßeinheit °DH gemessen wird, man spricht auch von **Wasserhärte.** Die Skala reicht von 0 bis 30 °DH. Wasser mit einem Wert von 0 bis 8 °DH bezeichnet man als weich, von 8 bis 12 °DH als mittelhart, von 12 bis 18 °DH als ziemlich hart und von 18 bis 30 °DH als sehr hart. Den Härtegrad Ihres Leitungswassers können Sie über das zuständige Wasserwirtschaftsamt erfahren. Außerdem gibt es im Gartenfachhandel oder Zoogeschäft Indikatoren, mit denen Sie die Wasserhärte messen können.

Ein alter Baumstamm am Ufer bietet Käfern und Amphibien rund um den Teich Unterschlupf. Ragt er außerdem ins Wasser, wirkt sein Holz neutralisierend auf den pH-Wert.

In einer groß dimensionierten Sumpfbeet-Kläranlage reinigen Rohrkolben, Schilf und andere Sumpfpflanzen die Abwässer von Wohnhäusern.

Der **pH-Wert des Wassers** wird ebenfalls vom Kalkgehalt, außerdem aber auch durch Nitrate und Phosphate im Wasser beeinflusst. Wasser mit einem pH-Wert von niedriger als 6 wird als sauer, von höher als 7 als alkalisch bezeichnet. Die meisten Pflanzen gedeihen – im Wasser wie an Land – am besten bei einem pH-Wert im schwach sauren bis neutralen Bereich zwischen 6 und 7. Im

Ein ins Wasser gelegter alter Baumstamm kann Kalk neutralisieren. Liegt der pH-Wert des Wassers im neutralen Bereich, so gedeihen die Wasserpflanzen am besten und Algen haben geringere Chancen, sich auszubreiten.

Boden bleibt der pH-Wert relativ konstant, wenn er sich verändert, dann nur sehr langsam. Im Wasser entstehen unter dem Einfluss der Sonne ständig neue chemische Verbindungen, die den pH-Wert beeinflussen und verändern. Er lässt sich deshalb kaum exakt bestimmen und auch nicht durch allerlei Mittel beeinflussen. Torftabletten und Torfbeutel verbieten sich schon aus Naturschutzgründen. Sie würden auch nur vorübergehend Abhilfe schaffen. Die Pflanzen und die sich ansiedelnden Mikroorganismen müssen ihr gutes Werk tun, dem Wasser überschüssige Nährstoffe und Schadstoffe entziehen und es auf diese Weise reinigen. Einige **Unterwasserpflanzen** wie die Raue Alge *(Chara aspera)* sowie

Der Teich ist randvoll mit Wasser gefüllt. Jetzt heißt es abwarten, wie er sich entwickelt.

das Krause Laichkraut *(Potamogeton crispus)* sind in der Lage, Kalk zu binden und ihn somit dem Teichwasser zu entziehen.

Sumpfbeet zur Wasserreinigung

Außerdem können Sie gewisse Pflanzen ganz gezielt das Wasser reinigen lassen, noch ehe es in den Teich gelangt. Legen Sie zwischen dem Fallrohr der Dachrinne, dem Wasserhahn oder einem anderen Wasserzulauf und dem Teich ein **Sumpfbeet** an. Dazu heben Sie eine flache Mulde aus, nicht tiefer als 30 bis 40 cm, und dichten diese mit einer Folie ab, genau wie einen Teich. Darin

siedeln Sie so genannte **Repositionspflanzen** an. So bezeichnet man Pflanzen, die in der Lage sind, durch ihre Wurzeln schädliche chemische Verbindungen im Wasser aufzulösen und dem Wasser zu entziehen. Repositionspflanzen werden professionell in sogenannten **Wurzelraum-Kläranlagen** eingesetzt, wo sie Hausabwässer, ja sogar Fäkalien klären. Daher sind sie allemal in der Lage, Regen-, Bach- oder Leitungswasser zu reinigen. Wenn Sie genügend Platz haben, legen Sie dieses Sumpfbeet in drei stufenartig hintereinander angeordneten Becken an, in denen sich das Wasser jeweils absetzen kann, bevor es nach dem nächsten

Über den Rand des Eimers plätschert das Wasser gemächlich in die Teichmulde.

Regen oder Wasserschub ins darunter liegende Becken rieselt.

Wasser marsch!

Wie bereits erwähnt, können Sie schon vorab ein wenig Wasser einlaufen lassen, um die Folie auf dem Teichboden in der Mitte zu fixieren und an den Seiten zu glätten. Es kommt auch auf den Teich, auf die Abdichtungsart und das Wasser an, in welcher Weise Sie nun den Teich volllaufen lassen. Wollen Sie es ganz mit **Regenwasser** versuchen, so bedecken Sie die Teichfolie oder die Tonabdichtung mit einer Kiesschicht, treffen alle Vorkehrungen und warten auf den nächsten Wolkenbruch. Meistens reicht ein starker Regenguss nicht aus. In diesem Fall ist es empfehlenswert, den Teich ganz voll Wasser laufen zu lassen und ihn erst anschließend zu bepflanzen. Die Wasserpflanzen würden die Trockenzeiten zwischen zwei Wolkenbrüchen wohl kaum überleben. Sie müssen mit Körben (siehe Seite 65 f.) eingesetzt werden. Wenn Sie **Leitungswasser, Bach- oder Brunnenwasser** über eine Pumpe einlaufen lassen, so gilt

die Regel, dass Sie erst einen Teil, und zwar die Tiefenzone mit Wasser füllen und warten, bis es sich ein wenig erwärmt. Diese Zone kann dann schon bepflanzt werden.

Lassen Sie das Wasser langsam und mit einigen Unterbrechungen einlaufen, damit es sich immer wieder erwärmen kann. Nach einigen Tagen werden die Seichtwasser-, dann die Flachwasserbereiche bepflanzt, und man lässt den Teich allmählich volllaufen.

Kleine Teiche kann man auch zuerst bepflanzen und dann mit Wasser füllen. Sie sind ja schneller voll als ein großer Gartenteich.

Sicherheit für Kleinkinder

Leider gibt es immer wieder traurige Berichte, nach denen Kleinkinder im Gartenteich ertrunken sind. Diese Gefahr besteht auch im flachen Wasser. Doch Unfälle lassen sich vermeiden:

- durch eine naturgemäße Anlage des Teiches mit einem **breiten Pflanzstreifen,** mit Sumpfzonen und einem nur allmählich tiefer werdendem Gewässer

Sicherheit für Kleinkinder: Ein kunstvoller, laubenartiger Überbau (oben) oder eine schlichte Baustahlmatte an der Oberfläche (unten) bewahren sie vor dem Ertrinken.

- durch eine auf die Teichform zugeschnittene **Baustahlmatte,** die wenige Zentimeter unter dem Wasserspiegel in den Teich gelegt wird
- durch einen um den Teich gezogenen **Zaun,** der begrünt nicht störend wirken muss,

Wenn Sie den Teich mit einem Springbrunnen oder einem Bach kombinieren wollen, bedenken Sie bitte, dass Schwimmblattpflanzen, wie zum Beispiel **Seerosen, keine ständige Wasserbewegung vertragen.** Installieren Sie also die Springbrunnendüse so, dass die durch sie verursachte Wasserbewegung die Seerose kaum noch .erreicht. Natürlich kommt es dabei auch darauf an, wie häufig Sie den Springbrunnen oder den angegliederten Bach in Bewegung setzen.

sondern eine Bereicherung des Gartens sein kann.

Am wichtigsten ist es aber, die Kinder von klein auf mit dem Gartenteich vertraut zu machen, ihnen möglichst früh das Schwimmen beizubringen und sie auf die Gefahren hinzuweisen, die ein Teich bergen kann. Vor allem sollten die Kinder aber die vielfältige Welt der kleinen und großen Lebewesen im Wasser und seiner Umgebung kennen und lieben lernen. So werden sie sich auch als Erwachsene für den Schutz der Pflanzen und Tiere und vor allem der Lebensräume einsetzen und an einer Welt arbeiten, in der es sich auch für spätere Generationen zu leben lohnt.

Wie viel Technik braucht der Teich?

Wenn man einmal von Vlies und Folie, von Fertigbecken oder industriell hergestellten Tonelementen absieht, braucht ein Teich keine Technik. Naturnah angelegt, wird er von den Wasserpflanzen und von den vielen sich einstellenden Mikroorganismen klar und sauber gehalten. Filteranlagen können bei manchen Schwimmteichen nötig sein.

Alle anderen technischen Raffinessen sind eine Frage des persönlichen Geschmacks.

Springbrunnen und Bachläufe

Bewegtes Wasser reichert sich mit Sauerstoff an und kann auf diese Weise belebend auf den Teich wirken.

Für Springbrunnen gibt es heute ganz einfache Bausätze: Eine **Tauchpumpe** mit Netzschnur und Stecker, auf der eine Düse montiert ist. Sie können sich im Gartencenter aussuchen, welche Fontaine Ihnen am meisten zusagt.

Wollen Sie einen **Bachlauf** anlegen, können Sie dazu eine Tauchpumpe auf dem Teichboden installieren. Von dort führt

Verschiedene, auf die Tauchpumpe (rechts unten) aufsetzbare Düsen (rechts oben) bringen vielfältige Figuren hervor, wie diese Wasserglocke (unten).

eine Druckleitung zur Quelle des künstlichen Baches. Die Leistungsfähigkeit der Pumpe richtet sich nach dem Höhenunterschied zwischen Pumpe und Quelle sowie der von Ihnen gewünschten Wassermenge, die durch den Bachlauf plätschern soll. Wünschen Sie einen rauschenden Wasserfall oder genügt Ihnen ein leise plätscherndes Rinnsal? Lassen Sie sich im Fachhandel ausführlich beraten. Am besten sehen Sie sich aber in einer Musteranlage eines Gartencenters einen Wasserfall oder künstlichen Bach an, um sich bei der Auswahl besser orientieren zu können.

Die Tauchpumpen sind meistens **Niedervoltpumpen** mit einer Spannung von nur 12 oder 24 Volt. Sie sind zudem sehr gut isoliert, sodass kein Unglück geschehen kann. Bei Badeteichen benötigt man in der Regel stärkere Pumpen. Sie müssen aus Sicherheitsgründen immer außerhalb des Teiches in einem besonderen Schacht installiert werden. Überlassen Sie solche Installationen auf jeden Fall einem Fachmann. Achten Sie beim Pumpenkauf auch auf die Zeichen des TÜV.

Mit geringer Pumpenleistung kann der Wassermann ständig Wasser speien.

auf einen blick

- Heben Sie die Teichgrube aus und legen Sie die Uferhöhe fest.
- Der Folienbedarf wird in der fertigen Teichgrube gemessen.
- Bei steinigem Boden breiten Sie in der Teichmulde eine Sandschicht aus. Die Folie wird außerdem durch ein Vlies unterlegt.
- Achten Sie am Teichrand auf die Kapillarsperre!
- Regenwasser ist am besten!
- Leitungswasser kann durch ein Sumpfbeet aufbereitet werden.
- Achten Sie auf Sicherheit für Kleinkinder.
- Die einfachste Lösung für Bachläufe und Springbrunnen ist die Installation von Tauchpumpen.

Ein spudelnder Quell der Frische: Unter dem Mühlstein sind ein Wasserspeicher und eine Tauchpumpe verborgen. Das Wasser sickert in das unterirdische Becken zurück.

Pflanzen für den Wassergarten

Ohne Wasserpflanzen ist kein Leben im Teich möglich. Sie nehmen Nährstoffüberschüsse auf, reinigen das Wasser, bieten den Tieren des Teiches Nahrung und Unterschlupf – und stellen für uns eine blühende Augenweide dar.

Die Wasserpflanzen machen einen Gartenteich erst zu dem, was er ist. Würden wir sie nicht einsetzen, so kämen sie von selbst, zunächst in Form von Algen – Algen sind ebenfalls Wasserpflanzen –, später würden sich Wasserlinsen und nach und nach andere Wasserpflanzen ansiedeln, die beispielsweise von Vögeln in den Teich gebracht werden. Die Pflanzen halten das Wasser sauber. Sie regulieren den Nährstoffhaushalt im Teich.
Dies gilt zunächst einmal für die Pflanzen, die ihre Nahrung nicht über Wurzeln aus dem Boden, sondern ausschließlich direkt aus dem Wasser beziehen: Die Schwimmpflanzen und einige Unterwasserpflanzen. Wie im vorigen Kapitel erwähnt, besteht das Wasser ja nicht allein aus H_2O. Je nach Herkunft enthält es mehr oder weniger Kalk

in Form von Kalziumkarbonat, und es ist durch äußere Einflüsse mehr oder weniger stark mit Nitraten, Phosphaten und einigen Spurenelementen angereichert. Da diese Elemente (vor allem Stickstoff) im Wasser oft Verbindungen mit Sauerstoff eingehen, fehlt der Sauerstoff im Teich den anderen Lebewesen. Im Extremfall kann es zum »Umkippen« des Teiches kommen. Die Schwimmpflanzen und Unterwasserpflanzen sorgen dafür, dass der Nährstoffanteil im Wasser nie zu hoch wird, sie nehmen die überschüssigen Nährstoffe auf.
Bei der Auswahl der Wasserpflanzen müssen Sie vor allem die Wassertiefe berücksichtigen. Grob unterteilt man drei Zonen: Von 0–30 cm = **Flachwasserzone**, 30–50 cm = **Seichtwasserzone**, mehr als 50 cm = **Tiefwasserzone**. Die nachfolgend angesprochenen Schwimm- und Unterwasserpflanzen sind größtenteils im tiefen Wasser angesiedelt. Da sie aber mit ihren Wurzeln

nicht im Boden verankert sind, finden sie in der Regel von selbst den für sie geeigneten Platz.

Schwimmpflanzen und Unterwasserpflanzen

Schwimmpflanzen schwimmen, wie der Name sagt, auf dem Wasser. Sie haben kurze Wurzeln ausgebildet, die jedoch nicht bis auf den Boden reichen, sondern die Nahrung direkt aus dem Wasser aufnehmen. Ein günstiger Nebeneffekt der Schwimmpflanzen: Sie be-

Froschbiss und das rostrote Feenmoos bedecken die Oberfläche dieses kleinen Teiches.

◀ Seerosen, Hechtkraut und am Ufer Farne, Iris und Blutweiderich machen diesen Teich zu einem Anziehungspunkt im Garten.

schatten das Teichwasser und verhindern so eine zu starke Erwärmung, die wiederum Sauerstoffmangel zur Folge hätte. Schwimmpflanzen sollten in keinem Teich fehlen!

Vorsicht Wucherer!

Vor einigen Arten sei gewarnt: Die **Kleine Wasserlinse** (Lemna minor) breitet sich sehr rasch und teppichartig auf dem Wasserspiegel aus, sodass kein Licht mehr für die Unterwasserpflanzen auf den Teichboden dringt. Sie kann auch andere Wasserpflanzen verdrängen. Ähnliche Eigenschaften hat das

Im Sommer bringt der Froschbiss zarte weiße Blüten hervor.

Die Krebsschere ragt mit ihren schwertförmigen Blätter nur zur Hälfte aus dem Wasser hervor. Auch ihre weißen Blüten erscheinen im Hochsommer.

Feenmoos (Azolla mexicana) entwickelt, das nach Lehrbuchmeinungen zwar, weil exotisch, bei uns nicht winterhart ist, in der Praxis aber doch die meisten Winter übersteht. Oft haften diese Schwimmpflanzen an anderen Wasserpflanzen, die Sie kaufen oder geschenkt bekommen, oft werden sie aber auch von Vögeln eingeschleppt. Befindet sich Ihr Teich in einer etwas schattigen Lage, so hält sich ihr Ausbreitungsdrang meistens in vertretbaren Grenzen. Ansonsten sollten Sie diese Schwimmpflanzen von Anfang an entfernen.
Empfehlenswerte Schwimmpflanzen sind der Froschbiss und die Krebsschere. Der **Froschbiss** (Hydrocharis morsus-ranae) bildet eine meistens

locker strukturierte Decke, bei der die kleinen Einzelpflanzen ähnlich Erdbeeren mit Ausläuferfäden verbunden sind. Die etwa fünfmarkstückgroßen Blätter ähneln in ihrer Form denen der Seerosen. Im Hochsommer erscheinen kleine weiße Blüten. Im Herbst färben sich die Blätter rotbraun und sterben ab. Sie lösen sich regelrecht auf, und man möchte glauben, die Pflanzen seien verschwunden. Sie haben jedoch vorher Winterknospen ausgebildet, die auf den Teichboden sinken, dort überwintern und aus denen im nächsten Frühjahr neue kleine Pflänzchen heranwachsen. Im Frühsommer steigen sie wieder an die Wasseroberfläche. Manchmal verschwindet der Froschbiss ganz. Die Ursache liegt vermutlich im Nährstoffhaushalt und dem pH-Wert des Wassers begründet, es lässt sich aber nicht konkret feststellen, was man tun müsste, um den Froschbiss zu erhalten. Die **Krebsschere** (Stratiotes aloides), auch Wasseraloe genannt, zeigt sich den Sommer über als Blattrosette mit gezähnten Rändern der einzelnen schwertförmigen Blätter, die halb untergetaucht an der Wasseroberfläche schwimmt. Im Hochsommer bildet sie rein

Schwimm- und Unterwasserpflanzen für den Gartenteich

Schwimmpflanzen

Deutscher Name	Botanischer Name	Blüte	Bemerkungen
Froschbiss	Hydrocharis morsus-ranae	7–8, weiß	überwintert mit Winterknospen auf Teichboden
Wasserlebermoos	Riccia fluitans	keine	bildet Polster
Krebsschere	Stratiotes aloides	5–7, weiß	überwintert auf dem Teichboden

Unterwasserpflanzen

Deutscher Name	Botanischer Name	Bemerkung
Armleuchteralge	Nitella flexilis	liebt sauerstoffreiches Wasser
Hornblatt	Ceratophyllum demersum	reich verzweigte Pflanze, Sauerstofflieferant
Krauses Laichkraut	Potamogeton crispus	überwintert mit Winterknospen (Hibernakeln)
Nadelkraut	Crassula recurva	nadelartiges Laub, weiße Blüte, ab 30 cm Tiefe
Nadelsimse	Eleocharis acicularis	gegen Algenwuchs, reichlich pflanzen
Raue Alge	Chara aspera	nährstoffreiches Wasser, bindet Kalk
Wasserhahnenfuß	Ranunculus aquatilis	weiße Blüten über Wasser, reinigt das Wasser
Wasserquirl	Hydrilla verticillata	stark wuchernd
Wasserschlauch	Utricularia vulgaris	fängt kleine Wassertiere; für warmes, weiches Wasser
Wasserstern	Callitriche-Arten	bildet dichte, auch im Winter grüne Polster
Tausendblatt	Myriophyllum	setzt Sauerstoff frei, liebt weiches Wasser

weiße, nicht besonders große Blüten. Im Herbst tauchen die Pflanzen ganz unter, überwintern auf dem Teichboden und bilden im Frühjahr Tochterrosetten aus, die dann im Mai/Juni an die Wasseroberfläche aufsteigen. Krebsscheren können in nährstoffreichen Teichen mitunter sehr stark wuchern, doch lassen sie sich leicht herausfischen. Wo ihnen die Bedingungen nicht zusagen, verschwinden sie von selber. Weitere Schwimmpflanzen sind in der Tabelle oben aufgeführt.

Die Armleuchteralge ist in der Lage, Kalk aus dem Wasser zu binden. Sie beugt auf diese Weise dem Algenwuchs vor.

Unterwasserpflanzen breiten sich oft teppichartig auf dem Teichboden aus, doch auch sie beziehen ihre Nahrung nicht aus dem Teichboden, sondern nehmen sie durch ihre Blätter und Triebe direkt aus dem Wasser auf. Einige wie die **Raue Alge** (Chara aspera) sind in der Lage, Kalk aus dem Wasser zu binden. Außerdem setzen Unterwasserpflanzen Sauerstoff frei, der den Lebewesen im Wasser zugute kommt.
Andere Unterwasserpflanzen finden Sie in der Tabelle.

Weltmeister im Verdrängungswettbewerb

Auch bei dieser Gruppe muss vor einer Unterwasserpflanze gewarnt werden: Der **Wasserpest** *(Elodeda canadensis)*. Diese Pflanze wuchert unter Wasser und verdrängt andere Pflanzen. Man kann auch durch ständiges Abfischen kaum Herr über sie werden.

Das **Hornkraut** *(Ceratophyllum demersum)* sieht der Wasserpest ähnlich, wuchert aber nicht so stark. Es breitet sich ebenfalls teppichartig auf dem Teichboden aus, nimmt überschüssige Nährstoffe auf, setzt Sauerstoff frei und bietet manchen Tieren im Wasser Unterschlupf. Hat es sich einmal zu

Der Wasserschlauch gedeiht in weichem, nährstoffreichem und warmem Wasser.

stark ausgebreitet, können Sie es durch Herausfischen leicht in Schach halten.

Pflanzen im tiefen Wasser

Alle im Teichboden wurzelnden Wasserpflanzen haben ihren Platz in jeweils ganz bestimmten Wassertiefen. Diese müssen bei der Auswahl der Pflanzen berücksichtigt werden. Als Orientierung dienen die drei bereits auf Seite 55 erwähnten Tiefenzonen, entsprechend dem Vorbild der Randzonen natürlicher Gewässer.

Im tiefen Wasser von mehr als 50 cm gedeihen die so genannten **Schwimmblattpflanzen.** Sie sind nicht mit den Schwimmpflanzen zu verwechseln, denn im Gegensatz zu diesen wurzeln sie im Teichboden. Von dort lassen sie ihre Blätter an langen Stielen an die Wasseroberfläche wachsen. Auf dem Wasserspiegel breiten sich die Blattspreiten aus und beschatten wie die Schwimmpflanzen den Teich.

Die bekanntesten Schwimmblattpflanzen sind **Seerosen**. Sie besitzen einen dicken fleischigen Wurzelstock, der sich auf dem Teichboden ausbreitet,

'Sulphurea' (für 60–80 cm Wassertiefe)

'Rosennymphe' (für 40–70 cm Wassertiefe)

Seerosen sollten Sie nicht nur nach der Blütenfarbe, sondern unbedingt auch nach der Eignung für eine bestimmte Wassertiefe auswählen.

sofern man die Seerose nicht in einen Korb pflanzt. Zum Winter hin ziehen die großen runden Blätter ein und sinken schließlich auf den Teichboden.

Von den Seerosen gibt es einige Arten und eine Vielzahl an Sorten, die in unterschiedlichen

'James Brydon' (für 40–60 cm Wassertiefe)

'Gladstoniana' (für 60–100 cm Wassertiefe)

'Laydekeri Fulgens' (für 30–40 cm Wassertiefe)

Nymphaea tetragona (für 20–25 cm Wassertiefe)

Nymphaea alba (für 80–120 cm Wassertiefe)

'Escarboucle' (für 50–60 cm Wassertiefe)

Die Gelbe Teichrose gedeiht auch gut im Schatten und in bewegtem Wasser.

ge Bereiche und kühles Wasser. Goldgelb sind auch die Blüten der **Seekannen** *(Nymphoides peltata)*, die sich im Gegensatz zu Seerosen und Teichrosen in einem zarten Geflecht auf dem Boden ausbreiten.

Zu den Schwimmblattpflanzen gehören außerdem der **Wasser-knöterich** *(Polygonum amphibium)*, das **Schwimmende Laich-kraut** *(Potamogeton natans)* sowie die (nicht ganz winterharte) afrikanische **Wasserähre** *(Aponogeton distachyus)*. Eine besonders aparte Schwimm-blattpflanze ist die **Wassernuss** *(Trapa natans)*, die allerdings im Teich schwer zu halten ist. Sie braucht eine gewisse An-zahl warmer sonniger Tage, um ihre Nuss auszubilden, die dann auf dem Teichboden über-wintert, um im nächsten Jahr eine neue Pflanze an die Ober-fläche zu treiben.

Die Seekanne bildet auf dem Teichboden lange Ausläufer. Sie ist deshalb für große Teiche geeignet.

Wassertiefen gedeihen. Achten Sie beim Kauf sehr sorgfältig auf die richtige Wassertiefe! Den Seerosen ähnlich sind die **Teichrosen**, von denen es eine große Teichrose *(Nuphar lutea)* sowie eine kleine Teichrose *(Nuphar pumila)* gibt. Beide brin-gen sattgelbe Blüten in Form einer abgeflachten Kugel her-vor. Sie vertragen auch schatti-

Pflanzen im seichten Wasser

Die Seichtwasserzone kann als Übergang vom tiefen Wasser in den flachen Bereich betrachtet werden. Die Auswahl der für diese Zone geeigneten Pflanzen ist nicht sehr groß. Hier gedei-hen vor allem **Tannenwedel** und

Tiefwasserpflanzen (für mehr als 50 cm Tiefe) für den Gartenteich			
Deutscher Name	**Botanischer Name**	**Blüte**	**Bemerkungen**
Afrikanische Wasserähre	*Aponogeton distachyos*	6–10, weiß	duftend, etwas frostempfindlich
Gelbe Teichrose	*Nuphar lutea*	6–9, gelb	gedeiht auch im Schatten
Seekanne	*Nymphoides peltata*	6–8, gelb	breitet sich stark aus
Seerose	*Nymphaea*-Arten	6–9, weiß/rot	zahlreiche Arten und Sorten
Schwimmendes Laichkraut	*Potamogeton natans*	unscheinb.	stark wuchernd
Wasserknöterich	*Polygonum amphibium*	6–7, rot	stark wuchernd
Wassernuss	*Trapa natans*	6–9, weiß	braucht viel Wärme

Igelkolben *(Sparganium erectum)*

Wassernuss *(Trapa natans)*

Pfeilkraut *(Sagittaria sagittifolia)*

Pflanzen im flachen Wasser

In der Natur sind die Übergänge zwischen zwei verschiedenen Bereichen immer am artenreichsten. Das gilt beispielsweise für den Waldrand ebenso wie für die Flachwasser- und Uferregion eines Gewässers. So siedeln auch die meisten Wasserpflanzen in der Flachwasserzone des Teiches. Der niedrige Wasserstand von 0 bis 30 cm trägt

Pfeilkraut, außerdem gibt es eine Vielzahl von Seerosensorten für diese Tiefenzone.

Seichtwasserpflanzen (für 25–50 cm Tiefe) für den Gartenteich			
Deutscher Name	**Botanischer Name**	**Blüte**	**Bemerkungen**
Goldkeule	*Orontium aquaticum*	5–6, weiß	Winterschutz erforderlich
Igelkolben	*Sparganium erectum*	7–8, weiß	stachelige Früchte *)
Kleine Teichrose	*Nuphar pumila*	6–8, gelb	auch schattige Lagen
Mandschurischer Wildreis	*Zizania aquatica*	keine	schöne Herbstfärbung
Pfeilkraut	*Sagittaria sagittifolia*	6–8, weiß	Blüten mit rotem Auge
Rohrkolben	*Typha*-Arten	7–8, braun	wuchernd *)
Seesimse	*Scirpus lacustris*	7–8, braun	bis 2 m hoch, wuchernd *)
Tannenwedel	*Hippuris vulgaris*	keine	nadelartige Blätter
Wasserminze	*Mentha aquatica*	6–9, violett	intensives Minze-Aroma
Zungenhahnenfuß	*Ranunculus lingua*	6–9, gelb	Blütenstände bis 150 cm

* = Repositionspflanzen (siehe Seite 50)

sicher dazu bei, denn er bietet die vielfältigsten Bedingungen, zum einen, weil sich sein Wasser leicht erwärmt, zum anderen weil der Wasserstand schwankt. Eine Wassertiefe von 30 cm wird in den niederschlagsreichen Jahreszeiten vom Spätherbst bis ins Frühjahr hinein erreicht. In den Sommermonaten dagegen liegt diese Zone zumindestens teilweise auf dem Trockenen. Das sollten Sie auch ohne weiteres zulassen, denn unter dem Kies, in der mageren Wasserpflanzenerde ist es immer noch feucht.

Die Pflanzen dieser Region vertragen mehr, als Sie ihnen zutrauen. Im Flachwasser können

Schwanenblume *(Butomus umbellatus)*

Wasser-Schwertlilie *(Iris pseudacorus)*

Hechtkraut *(Pontederia cordata)*

Sie gut beobachten, wie die Pflanzen »wandern« und welcher Platz ihnen wirklich zusagt. Der **Kalmus** *(Acorus calamus)* zum Beispiel fühlt sich ins etwas tiefere Wasser, also in die Seichtwasserzone hingezogen. **Sumpf-Vergissmeinnicht** *(Myosotis palustris)* belehren dagegen so manchen Gartenfreund, dass er sie vielleicht noch dichter ans Ufer hätte pflanzen sollen. Vom **Froschlöffel** *(Alisma plantago aquatica)* über **Sumpfdotterblume** *(Caltha palustris)*, **Schwanenblume** *(Butomus umbellatus)* und **Hechtkraut** *(Pontederia cordata)* bis hin zum **Rohrkolben** *(Typha-*Arten) wächst in dieser Randlage des Gartenteiches ungeheuer viel. Auf manche Pflanzen, die in natürlichen Gewässern ihre Berechtigung

haben, sollte man aber auch in der Randzone des Gartenteiches verzichten: **Schilfrohr** *(Phragmites communis)* gehört beispielsweise nicht in einen Gartenteich. Es würde ihn in

Kleiner Rohrkolben *(Typha minima)*

Flachwasserpflanzen (für 0–25 cm Tiefe) für den Gartenteich			
Deutscher Name	**Botanischer Name**	**Blüte**	**Bemerkungen**
Amerikanische Sumpfiris	*Iris versicolor*	6–7, violett, rot	bis 10 cm Wassertiefe
Blaugrüne Binse	*Juncus inflexus*	7–8, braun	wintergrün *)
Brennender Hahnenfuß	*Ranunculus flammula*	6–9, gelb	blüht zart und reichlich
Fieberklee	*Menyanthes trifoliata*	6–7, weiß	liebt sauren Boden, weiches Wasser
Froschlöffel	*Alisma plantago-aquatica*	7–9, weiß	sät sich auch selber aus
Hechtkraut	*Pontederia cordata* *Pontederia lanceolata*	6–8, blau 7–8, blau	50 bis 60 cm hoch, herzförmige Blätter bis 100 cm Schutz für beide Arten in kalten Wintern erforderlich
Kalmus	*Acorus calamus*	6–7, grün	Heilpflanze mit Ausdehnungsdrang *)
Kleefarn	*Marsilia quadrifolia*	keine	selten
Kleiner Rohrkolben	*Typha minima*	5–6, braun	nicht wuchernd *)
Scheincalla	*Lysichiton americanus* *L. camtschatcensis*	4–5, gelb 5–6, weiß	beide brauchen eine 30–50 cm dicke Bodenschicht
Schwanenblume	*Butomus umbellatus*	7–8, rosa	geeignet für Wasserrand *)
Strauß-Goldfelberich	*Lysimachia thyrsifolia*	6–8, gelb	Ausläufer bildend
Sumpfdotterblume	*Caltha palustris*	3–5, gelb	gedeiht auch auf feuchtem Boden
Sumpfiris	*Iris laevigata*	7–8, blau u. a.	verschiedene Sorten
Sumpf-Vergissmeinnicht	*Myosotis palustris*	5–7, blau	auch für feuchte Uferzonen geeignet
Wasserfeder	*Hottonia palustris*	5–7, weiß	schattige Lagen
Wasserschwaden	*Glyceria maxima*	7–8, weiß	auch außerhalb des Teichs
Wasser-Schwertlilie	*Iris pseudacorus*	5–7, gelb	breitet sich aus *)
Zwergbinse	*Juncus ensifolius*	7–8, braun	für kleine Teiche geeignet *)
* = Repositionspflanzen			

wenigen Jahren zumindest am Rand, wenn nicht sogar in tieferen Regionen überwuchern. Auch **Rohrkolben** sind mit einer gewissen Vorsicht zu genießen, zumindest der breitblättrige und der schmalblättrige Rohrkolben *(Typha latifolia* und *T. angustifolia)*. Beide Arten können einen Teich in kurzer Zeit überwuchern. Eine Auswahl schöner Flachwasser- und Sumpfpflanzen finden Sie in der oben stehenden Tabelle.

Wasserpflanzen richtig einsetzen

Bepflanzen Sie den Teich sparsam, auch wenn er im ersten Jahr noch sehr spärlich aussieht. Nach ein, zwei Jahren ist ein kleiner Teich mitunter mehr zugewachsen, als Ihnen recht sein kann.

Welche Erde?

Ganz gleich, ob sie in der Tiefenzone oder im Flachwasserbereich wachsen, alle Wasser- und Sumpfpflanzen sind genügsame

Bei der Bepflanzung des Teiches kommt es auf die richtige Wahl für die jeweilige Wassertiefe an.

Gewächse. Sie brauchen nur wenig Nährstoffe. Ihre Nahrung liefern ihnen im Wesentlichen das Wasser oder die abgestorbenen Pflanzenteile anderer Wasserpflanzen. Ist die Erde und damit auch das Wasser zu nährstoffreich, so können die Wasserpflanzen diese Nährstoffüberschüsse nicht mehr aufnehmen und es kommt zum Algenwachstum im Teich. Das ist der Grund, warum Sie nur nährstoffarme Erde und selbst die nur sehr sparsam in den Teich einbringen sollten. Gut eignet sich dazu die ausgehobene Erde der untersten Schicht der Teichgrube, sie ist meist sehr nährstoffarm. Sie können Wasserpflanzenerde oder Tonerden auch im Gartenhandel kaufen. Ton ist in der Lage die Nährstoffüberschüsse

des Wassers zu binden. Er hat also eine ausgleichende Funktion. Auf keinen Fall sollten Sie nährstoffreiche Gartenerde (Mutterboden) in den Teich einbringen! Es muss auch nicht der gesamte Teichboden mit Erde bedeckt sein. Ein wenig Erde rund um die Pflanzenwurzeln herum reicht völlig aus.

Wann wird gepflanzt?

Die Wasser- und Sumpfpflanzen kann man vom zeitigen Frühjahr bis in den Herbst hinein in den Teich setzen. Der beste Zeitpunkt zum Pflanzen ist jedoch der Mai. In diesem Monat hat sich das Wasser bereits ein wenig erwärmt, und die Pflanzen haben einen ganzen Sommer vor sich, um Wurzeln zu bilden und anzuwachsen. Staudengärtnereien und Gartencenter bieten deshalb bevorzugt in diesem Monat Wasserpflanzen an. Auch wenn Sie Wasserpflanzen von Nachbarn oder Freunden aus einem anderen Teich bekommen, so ist der Mai der beste Zeitpunkt, sie zu teilen, oder Teilstücke zur Vermehrung abzuschneiden und diese jungen Pflänzchen neu einzusetzen. Faulende oder abgeknickte Wurzeln schneidet man sorgfältig zurück. Bei den fleischigen

Teichrosen ohne Ballen einpflanzen:
① Alle geknickten und faulen Wurzeln zurückschneiden.

③ Holzkohlenstaub schützt vor Fäulnisbildung.

⑤ Kieselsteine verhindern, dass die Erde aufschwimmt.

② Die Schnittstelle des Wurzelstocks mit einem scharfen Messer glätten.

④ In einen Gitterkorb mit magerer Erde pflanzen.

⑥ Den Gitterkorb an geeigneter Stelle ins Wasser senken.

Wurzelstöcken der See- oder Teichrosen muss die Bruch- oder Schnittstelle mit dem Messer geglättet werden. Um sie gegen Fäulniserreger zu schützen, streicht man die Schnittstellen mit Holzkohlenstaub ein.

Augen auf beim Pflanzenkauf

Lassen Sie sich beim Kauf der Wasserpflanzen nicht allein von saftig grünen Blättern und schönen Blüten täuschen. Die können auch in den Gewächshäusern einer Großgärtnerei herangetrieben worden sein. Es fehlt diesen Pflanzen aber oft an Widerstandskraft gegenüber Krankheiten und Schädlingen, und so ist die Pracht bald dahin. Am besten ist die Qualität erkennbar, wenn Sie eine Pflanze austopfen, sie umdrehen, den Containerrand auf einer Kante aufschlagen und den Ballen herausziehen. Gleitet er leicht heraus, ohne dass der Wurzelballen auseinander fällt und ist er gleichmäßig von weißen Wurzeln durchzogen, so ist dies eine kräftige gesunde Pflanze, die im Teich sicher weiterwächst. Fällt der Ballen auseinander oder sind die Wurzeln braun, so sollten Sie diese Pflanzen ebenso wenig kaufen

wie solche, bei denen die Wurzeln schon aus den Abzugslöchern quellen. Wollen Sie sie austopfen, so zerreißen Sie unweigerlich den Wurzelballen, außerdem wachsen derart überständige Pflanzen zu schwer an.

Das Pflanzen

Unterwasserpflanzen werden einfach auf den Teichboden gelegt und mit Steinen beschwert. Das ist die einfachste Methode. Alle anderen Wasserpflanzen pflanzen Sie ohne Gefäß in den Teich oder Sie setzen sie in Körbe, die dann auf den jeweils geeigneten Platz gestellt werden. Ohne Körbe können Sie nur pflanzen, bevor Sie den Teich voll Wasser laufen lassen. Sie topfen die Pflanzen aus dem Container aus und stellen sie auf die Folie. Häufeln Sie ein wenig Erde drum herum und beschweren Sie den Ballen mit einigen Kieselsteinen, damit die Erde nicht aufschwimmt. Nach dem Pflanzen lassen Sie zumindest soviel Wasser in den Teich ein, dass die Wurzeln bedeckt sind.

Im Handel gibt es **Pflanzkörbe** aus Kunststoff oder Kokosfaser für Wasserpflanzen. Sie können mit einer speziellen Wasserpflanzenerde oder mit nährstoff-

Ein Pfeilkraut mit gut durchwurzeltem Ballen wird ausgetopft.

armem Unterboden gefüllt werden. Bei größeren Teichen ist auch das Pflanzen in Weiden-

Ein wenig magere Erde rund um die Wurzelballen, von ein paar Steinen geschützt – mehr brauchen die Wasserpflanzen nicht zum Anwachsen und Gedeihen.

körbe üblich. In die Körbe wird je eine Pflanze gesetzt und anschließend die Erde an der Oberfläche mit Kieselsteinen bedeckt. Dann können die Körbe mit den Pflanzen an den richtigen Platz im Teich gestellt werden.

Empfehlenswert sind Körbe bei Wasserpflanzen mit sehr starkem Wurzelwerk wie Seerosen, Teichrosen, Rohrkolben oder Kalmus. Praktisch ist diese Methode auch, wenn Sie einen bereits mit Wasser gefüllten Teich bepflanzen möchten. Sie können barfuß oder mit Gummistiefeln ins Wasser hineinwaten oder eine starke Bohle oder eine lange Leiter über den Teich legen, von der aus Sie die Körbe mit Hilfe von zwei Eisenhaken ins Wasser senken. Wer seinen Teich mit Regenwasser füllt, sollte diesen Weg wählen, denn das Regenwasser muss ja im Teich gesammelt werden, bevor die Pflanzen eingesetzt werden können.

Staudenflor am Teichufer

Außerhalb der Folienabdichtung herrschen ganz andere Wachstumsbedingungen als im flachen Teichwasser oder im Sumpf. Durch die mit der Kapillarsperre des Folienrandes gewollte Trennung der Wasserzone vom Ufer, ist es innerhalb der Teichabdichtung ständig feucht, auch bei niedrigem Wasserstand, während der Gartenboden außerhalb der Abdichtung normale Feuchtigkeit aufweist.

Eine **Sumpfzone** können Sie anlegen, indem Sie die Abdichtung am Teichrand im flachen Bereich von 10–20 cm Tiefe ausdehnen und bis zum Rand mit magerer lehmiger Erde, Kies oder Sand füllen. Dort gedeihen dann die Pflanzen des Teichufers, die auf der nächsten Seite angesprochen werden. Der Boden außerhalb der Abdichtung mag in der Zeit vom Spätherbst bis ins zeitige Frühjahr zeitweise etwas feuchter sein als der Boden an anderen Stellen des Gartens, weil bedingt durch die Niederschläge immer wieder Wasser über die Ufer tritt. Aber im Hochsommer kann die Erde unmittelbar neben dem Teich sehr trocken sein. So gehören robuste Stauden ans Ufer, die diese Extreme im Verlauf des Jahres vertragen können.

Nutzen Sie die Teichränder für feuchtigkeitsverträgliche im Frühjahr blühende Wildstauden.

Meiden Sie den **Riesenbärenklau** *(Heracleum mantegazzianum)*. Er ist zwar eine äußerst eindrucksvolle und dazu sehr anspruchslose Staude, er versamt sich jedoch im Übermaß und verdrängt damit andere Pflanzen. Außerdem scheidet er Substanzen aus, die bei Berührung bei Allergikern starke Verbrennungen auf der Haut hervorrufen können.

Eine üppige Staudenflora, hier mit Farnen, Phlox und Frauenmantel, verwischt die Grenze zwischen Teich und Ufer.

Bei einem ohnehin feuchten Gartenboden gedeihen sie leicht außerhalb der Teichdichtung, bei einem trockenen Sandboden sollte man sie besser in die Sumpfzone innerhalb der Abdichtung pflanzen. Zu diesen Wildstauden gehören **Scharbockskraut** *(Ranunculus ficaria)*, **Schachbrettblume** *(Fritillaria meleagris)* oder **Wiesenschaumkraut** *(Cardamine pratensis)*. Auch **Sumpfdotterblumen** *(Caltha palustris)* können durchaus auf genügend feuchtem Boden außerhalb des Teiches gedeihen. Nicht zuletzt sind **Frauenmantel** *(Alchemilla mollis)*, **Mädesüß** *(Filipendula ulmaria)*, **Baldrian** *(Valeriana officinalis)* oder in schattigen Bereichen auch Farne ideale Uferstauden für den Teich. Stauden mit großen Blättern wie das **Schildblatt** *(Peltiphyllum)* und **Greiskraut** *(Ligularia*-Arten) fühlen sich an einem schattigen Teichrand ebenso zuhause wie der stattliche **Wasserdost** *(Eupatorium)*.

Eine reizvolle Alternative zum Riesenbärenklau ist die Engelwurz *(Angelica archangelica)*. Das zweijährige Heilkraut besitzt eine gewisse Ähnlichkeit mit dem Bärenklau, im ersten Jahr bringt es nur Blätter hervor, im zweiten erscheinen die eindrucksvollen Doldenblüten, danach stirbt die Pflanze ab, erhält sich aber durch Selbstaussaat weiter.

Eine Auswahl weiterer Uferstauden finden Sie in der Tabelle 69.

Die Sibirische Iris gehört zu den robustesten heimischen Wiesenstauden. Sie passt gut an jedes Teichufer.

Dekorative Staudenbeete

Eine Staudenpflanzung entwickelt sich von Jahr zu Jahr weiter. Damit sie nicht bereits im zweiten Jahr nach der Pflanzung unansehnlich wird, müssen die Stauden mit Bedacht ausgewählt werden, auch nach dem Grundsatz, dass weniger manchmal mehr ist. Als erstes pflanzen Sie die Leitstauden. Unter Leitstauden versteht man große, eindrucksvolle Pflanzen, die in der Rabatte eine herausragende Rolle spielen. An das Ufer könnten Sie zum Beispiel Wasserdost oder Mädesüß, bei

Die Schachbrettblume gehört zu den wenigen Zwiebelblumen, die am feuchten Teichufer gedeihen.

kleineren Anlagen auch Ligularien als Leitstauden pflanzen. Je nach Größe des Staudenbeets pflanzt man sie einzeln oder in kleinen Gruppen von drei bis sieben Stück. Zu diesen Leitstauden gesellen Sie etwas größeren Gruppen von den so genannten zugeordneten Stauden. Sie reichen in ihrer Wuchshöhe um die Hälfte bis zwei Drittel an die Leitstauden heran. Der Rest der Beetfläche wird mit so genannten Füllstauden bedeckt, das sind meist niedrige, den Boden bedeckende Stauden. Achten Sie bei Ihrer Pflanzenauswahl darauf, dass zu jeder Jahreszeit etwas blüht oder dass Stauden mit herbstlich gefärbten Blättern das Beet schmücken.

Denken Sie ebenso an die Wild- und Honigbienen, an Hummeln und viele andere Insekten, die sich an den Stauden laben. Sie sind eine zusätzliche Bereicherung für den Garten. Wählen Sie für Insekten Stauden mit möglichst offenen, also ungefüllten Blüten aus.

Stauden richtig pflanzen

Damit sich der Staudenflor kräftig entwickeln kann, muss der Boden mit besonderer Sorgfalt vorbereitet werden. Das heißt

Sumpfdotterblumen können im flachen Wasser angesiedelt werden. Oft gedeihen sie aber besser am feuchten Ufer.

nicht unbedingt düngen. Viele Wildpflanzen entwickeln sich auf kargem Boden viel besser. Wichtiger ist die **standortgerechte Auswahl der Pflanzen.** Sorgfältig vorbereiten heißt, den Boden tiefgründig lockern. Bei einem sehr bindigen, verfestigten Boden ist gründliches Umgraben unerlässlich. Lesen Sie dabei die Wurzeln hartnäckiger **Wurzelunkräuter** wie Ackerwinde, Giersch, Quecke oder Schachtelhalm so gründlich wie möglich heraus. Auch Steine ab Faustgröße müssen entfernt werden.

Sollte der Boden rund um den Teich stark verdichtet sein, so empfiehlt es sich, in der ersten Gartensaison eine **Gründüngung** zu säen: Leguminosen wie Erbsen, Bohnen, Wicken, Lupinen oder Klee-Arten für sandigmageren Boden, Kreuzblütler

Stauden für bodenfeuchte Uferbereiche am Gartenteich

Blüte im Frühling

Deutscher Name	Botanischer Name	Blüte	Bemerkungen
Aronstab	*Arum maculatum*	4–5, weiß	im Herbst rote Beeren
Bärlauch	*Allium ursinum*	5, weiß	auch unter Bäumen
Buschwindröschen	*Anemone nemorosa*	3–5, weiß	liebt lichten Schatten
Glockenprimel	*Primula florindae*	4–7, gelb	wüchsig
Himalajaprimel	*Primula rosea*	3–4, karminrot	blüht vor den Blättern
Hundszahn	*Erythronium dens-canis*	4–5, gelb	schattenverträglich
Japanische Sumpfprimel	*Primula sieboldii*	5–6, rosa, blau, violett, weiß	kalkarme Böden
Kissenprimel	*Primula vulgaris*	3–4, gelb	auch unter Gehölzen
Märzbecher	*Leucojum vernum*	3–4, weiß	Zwiebelblume
Mehlprimel	*Primula farinosa*	4–5, rosa	lehmiger Boden
Schachbrettblume	*Fritillaria meleagris*	4–5, weiß, violett	feuchtes Ufer, Wiese
Scharbockskraut	*Ranunculus ficaria*	3–5, gelb	feuchte Wiese
Schildblatt	*Peltiphyllum peltatum*	4–5, rosa	schöne Uferstaude
Schlüsselblume	*Primula veris*	4–5, gelb	auch unter Gehölzen
Trollblume	*Trollius europaeus*	4–5, gelb	für Wiesen und Rabatten
Wieseniris	*Iris sibirica*	5–6, blau	schön am Teichrand
Wiesenschaumkraut	*Cardamine pratensis*	3–5, weiß, violett	Wiesenblume

Blüte im Sommer

Deutscher Name	Botanischer Name	Blüte	Bemerkungen
Amstelraute	*Thalictrum aquilegifolium*	5–7, weißgelb	anspruchslos
Baldrian	*Valeriana officinalis*	5–9, weißgelb	feuchter Boden
Beinwell	*Symphytum officinale*	5–7, violett	feuchter und normaler Boden
Blutweiderich	*Lythrum salicaria*	6–9, purpur	auch im flachen Wasser
Blaue Gauklerblume	*Mimulus ringens*	6–9, blau	feuchter Boden
Engelwurz	*Angelica archangelica*	7–8, grünweiß	stirbt nach dem Blühen ab
Etagenprimel	*Primula beesiana* P.-Bullesiana-Hybriden *P. bulleyana*	6–7, gelblichweiß 6–8, gelb, rosa, rot 6–8, orange, gelb	Dauerblüher am Ufer
Frauenmantel	*Alchemilla mollis*	6–7, gelbgrün	feuchter und trockener Boden
Gelbe Gauklerblume	*Mimulus luteus*	6–9, gelb	bis 10 cm tiefes Wasser
Goldfelberich	*Lysimachia punctata*	7–9, gelb	wuchert etwas
Greiskraut	*Ligularia*-Arten	7–9, gelb, orange	eindrucksvoll, bis 1,80 m hoch
Großer Wiesenknopf	*Sanguisorba officinalis*	7–8, dunkelrot	Wiesenpflanze
Lungenenzian	*Gentiana pneumonanthe*	7–9, blau	Teichrand
Mädesüß	*Filipendula ulmaria*	6–8, gelblichweiß	feuchtes Ufer
Pfennigkraut	*Lysimachia nummularia*	5–7, gelb	Bodendecker
Schaublatt	*Rodgersia*-Arten	6–7, weiß	bis 1,50 m hohe Blattschmuckstaude
Taglilie	*Hemerocallis citrina*	6–8, gelborange	verschiedene Hybriden
Wasserdost	*Eupatorium cannabinum*	6–9, rötlich	eindrucksvolle Stauden
Wiesenknöterich	*Polygonum bistorta*	5–8, purpurrosa	Feuchtwiese
Wiesen-Storchschnabel	*Geranium pratense*	6–8, purpurrosa	Wiesenblume

Modellieren Sie die Erde Ihres Staudenbeets am Ufer des Teiches möglichst eben, sodass durch einen starken Regenguss kein Wasser in den Teich gespült werden kann.

wie Senf, Raps oder Ölrettich auf verdichtetem Boden oder *Phacelia,* wenn die Erde stark verunkrautet ist. Je nach Jahreszeit wird die Gründüngung entweder nach der Blüte gemäht, das Mähgut bleibt als Bodendecke liegen, oder Sie lassen die Pflanzen im Herbst abfrieren. Sie bleiben dann ebenfalls als Mulchdecke bis ins Frühjahr liegen. Anschließend brauchen Sie nur noch die Pflanzenreste abzuharken, den Boden zu lockern, und dann können Sie pflanzen.

Bodenverbesserung

Im zweiten Arbeitsgang arbeiten Sie Bodenverbesserungsmittel ein: Eine Fuhre Sand bei lehmigem, bindigem Boden zum Auflockern, eine Fuhre Lehm bei durchlässigem Sandboden, um Wasser und Nährstoffe zu speichern.
Bei beiden Bodenarten sollten Sie **Kompost einarbeiten.** Er trägt sowohl zur Lockerung als auch zur Speicherung von Wasser und Nährstoffen bei. Komposterde von kommunalen Kompostieranlagen ist zwar in der Regel nicht so gehaltvoll wie der Kompost aus dem eigenen Garten, sie kann aber ebenfalls zur Lockerung verwendet werden.
Weitere, sehr wichtige **Bodenverbesserungsmittel** sind **Gesteinsmehle** und **Tonmineralpulver.** Beide enthalten zwar

Spurenelemente, sie sind jedoch nicht als Düngemittel anzusehen. Diese Stoffe dienen zum Aufbau wertvoller Bodenkrümel, den so genannten Ton-Humus-Komplexen, die zum großen Teil von den Kompostwürmern aus organischen und mineralischen Bestandteilen aufgebaut werden. Diese Bodenkrümel sind locker und zugleich stabil strukturiert. Sie tragen zu einer dauerhaften Lockerung und Durchlüftung des Bodens bei und sind in der Lage ein hohes Maß an Wasser und Nährstoffen zu speichern, die den Pflanzenwurzeln nach Bedarf zur Verfügung stehen.
Eine **zusätzliche Düngung** ist nur bei sehr nährstoffarmem Boden ratsam. Verwenden Sie dann gut abgelagerten Rinder- oder Pferdemist oder einen organischen Dünger auf der Basis von Hornspänen aus dem Fachhandel.

Gräser für den Teichrand			
Deutscher Name	**Botanischer Name**	**Blüte**	**Bemerkungen**
Glanzgras	*Phalaris arundinacea* 'Tricolor'	unauffällig	bis 1 m, grünweiß gestreift, wuchert
Morgensternsegge	*Carex grayi*	7–8, braune Ähren	bis 40 cm, verträgt feuchten Boden
Palmwedelsegge	*Cares muskingumensis*	7–8, rotbraune Ähren	bis 80 cm, Halbschatten
Pendelsegge	*Carex pendula*	6–7, braune Ähren	bis 1 m gebogene Halme
Pfeifengras	*Molinia caerula*	7–9, braune Ähren	rotbraune Herbstfärbung
Plattährengras	*Uniola latifolia*	8–10, bräunliche Ähren	bis 1 m hoch

Der Blutweiderich ist eine prächtige Wiesenstaude fürs feuchte Teichufer. Er kann auch im Sumpf oder zeitweise im flachen Wasser gedeihen.

Sand, Lehm, Gesteinsmehl oder Kompost werden auf die umgegrabene Fläche gestreut und mit einem Vierzahn (Krail) in die obere Bodenkrume eingearbeitet. Hacken Sie die Erdklumpen so fein wie möglich und ziehen Sie die Fläche anschließend mit dem Vierzahn glatt.

Zur rechten Zeit pflanzen

Die meisten **Stauden** werden im **Container,** also in einem Topf angeboten. Man kann sie vom zeitigen Frühjahr bis zum Winterbeginn pflanzen. Dennoch bleiben das Frühjahr und der Herbst die günstigsten Pflanzzeiten. Dies gilt vor allem für

Stauden, die Sie aus den Gärten von Nachbarn bekommen. Die Containerpflanzen werden vor dem Pflanzen mit dem Topf in eine Wanne mit Wasser getaucht, bis sich die Ballen richtig vollgesaugt haben. Dann topft man sie aus und stellt sie auf die vorbereitete Pflanzenfläche: Zuerst die **Leitstauden,** dann die **zugeordneten Stauden** und zuletzt die **Füllstauden.**
Anschließend geht's ans Pflanzen. Jede Staude wird so in den Boden gesetzt, dass rundherum lockere Erde ins Pflanzloch gefüllt werden kann. Die Oberfläche des Wurzelballens wird nur ganz dünn mit Erde bedeckt. Rundum einmal kräftig mit beiden Händen andrücken und mit einer Gießkanne ohne Brause angießen.
Bei **Stauden ohne Container** ist darauf zu achten, dass die Wurzeln nicht austrocknen. Können die Stauden nicht sofort gepflanzt werden, schlägt man sie vorübergehend in den Boden ein und wässert gegebenenfalls. Bei Stauden, deren Teilstücke oder Ablegern, die Sie aus anderen Gärten bekommen, sollten Sie genau **auf Unkräuter achten** und diese gegebenenfalls sorgfältig vor dem Pflanzen herausjäten!

Dieses Chinaschilf (*Miscanthus sinensis* 'Malepartus') gehört zu den zierlicheren seiner Art.

auf einen blick

- Unterwasser- und Schwimmpflanzen sorgen für klares, algenfreies Teichwasser.
- Bei der Auswahl der Wasserpflanzen ist die Wassertiefe entscheidend.
- Achten Sie beim Pflanzenkauf auf gute Qualität der Stauden.
- Orientieren Sie sich bei der Ufergestaltung mit Stauden an natürlichen Pflanzengemeinschaften.
- Modellieren Sie das Teichufer so, dass keine Erde ins Wasser gelangen kann.
- Wichtig ist eine sorgfältige Vorbereitung des Bodens, in dem die Stauden gedeihen können.

Vom Teich zum Biotop

Das Schöne am Wassergarten: Zu den gärtnerischen Freuden kommen die an den Tieren hinzu, die sich binnen erstaunlich kurzer Zeit am Teich einfinden.

Kaum ist der Teich fertig, tritt eine ganz unliebsame Erscheinung ein: Algen!
Die meisten Teichbesitzer sehen sie als großes Problem an. Doch sie sind keines. Algen sind zunächst einmal eine ganz natürliche Erscheinung. Sie machen sich als grüner, teppichartiger Belag auf dem Teichboden bemerkbar, sie schwimmen als dicke grüne Watten dicht unter der Oberfläche oder trüben als braungrüne Schwebstoffe das Teichwasser. Algen binden die Nährstoffüberschüsse aus dem Wasser. Sie dürfen nur nicht überhand nehmen und als Dauergäste im Teich bleiben. Entwickelt sich ein Teich wie ein natürliches Gewässer, so verschwinden sie mit der Zeit von selber.
Zunächst einmal ernähren sie sich aus dem Teichwasser, verringern aber auf diese Weise auch dessen Gehalt an Nährstoffen mit zunehmender Vermehrung und Ausbreitung.

◀ Eine Gebänderte Prachtlibelle macht ihrem Namen alle Ehre.

Außerdem siedelt sich eine Vielzahl an Mikroorganismen an, die sich von den Algen ernähren.

Die ersten Lebewesen

Bei genauem Hinsehen ins sonnendurchflutete Wasser entdecken wir manchmal schon in den ersten Tagen nach der Anlage des Teiches die ersten Lebewesen. Aus dem Boden ragen kleine zappelnde Würmer hervor, **Schlammröhrenwürmer** *(Tubifex)*, die sich von den ersten zu Boden gefallenen Pflanzenresten ernähren und deren Nährstoffe für die Wurzeln der frisch eingesetzten Pflanzen erschließen. Dann erkennen wir einen ganzen Schwarm winziger und quicklebendiger Tierchen, die sich im klaren Wasser tummeln: **Wasserflöhe**, die man korrekter als **Flohkrebse** bezeichnet. Auch sie tragen zur Umsetzung von Schwebstoffen im Wasser bei.
Kurze Zeit später tauchen dicht unter der Wasseroberfläche zahlreiche zuckende **Mückenlarven** auf. Oft befürchten Teich-

freunde, dass nun eine Mückenplage ausbricht. Doch auch diese Larven gehören zur natürlichen Entwicklung unseres neu angelegten künstlichen Gewässers und sind eine vorübergehende Erscheinung. Sie helfen, den Anteil an Schwebalgen zu verringern und dienen ihrerseits manchen größeren Insekten als Nahrung. Wenn sich das Nahrungsangebot im Wasser, also der Algenanteil verringert, können darin auch nicht mehr so viele Mückenlarven heranwachsen, und andere Tiere sorgen dafür, dass sie nicht überhand nehmen.
Ein täglicher Blick ins Wasser lässt uns immer neue Entdeckungen machen. Da sehen wir auf dem Teichboden kleine, manchmal kunstvoll gefertigte

Der Kleine Teichfrosch bläst seine Schallblasen zum Laichkonzert auf.

Teichfreunde haben mit der Spitzschlammschnecke unterschiedliche Erfahrungen gemacht. Die einen loben sie und freuen sich, wenn diese Schnecken recht zahlreich vertreten sind, weil sie die Algen vom Boden des Teiches und von den Blättern der Pflanzen regelrecht abraspeln. Andere haben beobachtet, dass die Spitzschlammschnecken auch die Pflanzen abfressen. Ob Sie diese Schnecken dulden oder, so gut es geht, aus dem Teich herauslesen, hängt also von Ihren eigenen Erfahrungen ab.

Hülsen aus Pflanzenteilen, Sand oder auch kleinen Steinen. Darin verborgen sind die Larven der **Köcherfliegen**, die sich dieses Gehäuse zu ihrer Verpuppung gebaut haben.

Köcherfliegenlarven stellen kunstvolle Gehäuse her, hier aus kleinen Muschelschalen und Sandpartikeln.

Bald kriechen in dem jungen Teich verschiedene **Schneckenarten** über den Boden oder auf den Pflanzen herum. Die Tiere selber oder ihr Laich werden meistens durch die Wasserpflanzen mitgeliefert. Am häufigsten kommt die **Spitzschlammschnecke** vor. Eine schöne und seltenere Schnecke ist die **Posthornschnecke**, die keinerlei Schaden im Teich anrichtet. Nach wenigen Tagen sind sie da, die **Wasserläufer**, die flink über die blanke Wasserfläche flitzen. Die Oberflächenspannung des Wassers und die mit wasserabweisenden Haaren besetzten Füße machen ihnen die schnellen Bewegungen auf dem Wasser möglich.
Ruderwanzen mit ihrem flachen Körper und dem gelben, schwarz gesprenkelten Körper durchqueren oft sehr schnell das Wasser. In weniger als einer Sekunde kommen sie an die Oberfläche, um Luft zu holen. Diese Tiere können auch aus dem Wasser heraus fliegen. Plötzlich entdecken Sie im Wasser ein käferartiges Insekt, das sich auf dem Rücken schwimmend sehr schnell mit hastig zuckenden Bewegungen vorwärts bewegt: Den **Rückenschwimmer**. Mit seinem Hinterleib »hängt« er manchmal unter

Die Spitzschlammschnecke kommt häufig in unseren Teichen vor.

der Wasseroberfläche, um Luft zu holen. Da er meistens auf dem Rücken schwimmt, sehen Sie vor allem seine dunkelbraune bis schwarze Unterseite. Der Rücken, auf dem der schwimmt, kann verschieden gefärbt sein, von gelb über rötlich bis schwarz marmoriert. Rückenschwimmer können auch hervorragend fliegen. Sie jagen Wasserinsekten, manchmal auch Kaulquappen und kleine Fische. Ihre Stiche können sehr schmerzhaft sein, weshalb sie auch den Beinamen »Wasserbienen« bekommen haben.
Ein prächtiger, wenn auch räuberischer Teichbewohner ist der **Gelbrandkäfer**. Sein Rücken ist dunkelbraun, manchmal etwas grünlich und von einem gelben Rand umgeben. Er kann eine stattliche Länge von 35 und eine Breite von 18 mm erreichen. Die Larven erreichen eine Größe von

80 mm und jagen nahezu alles, was ihnen im Teichwasser in die Quere kommt, von Wasserinsekten aller Art bis hin zu Kaulquappen und kleinen Fischen. Ebenso räuberisch lebt der Käfer. Im Teich sollte man diesen prächtigen Käfer dennoch dulden, er trägt zum biologischen Gleichgewicht bei.

Räuberisch leben auch die Larven der **Libellen**, wobei die der Kleinlibellen ein Jahr, die Larven der Großlibellen oft mehr als drei Jahre im Wasser leben und im Bodenschlamm des Teiches überwintern. Auch Libellenlarven machen vor Kaulquappen nicht Halt, denken wir aber an die vielfältig schillernden erwachsenen Tiere, so lassen sich ein paar Frosch- oder Krötenlarven leicht verschmerzen.

Im späten Frühling ab Mai bis in den Frühsommer hinein schlüp-

Ein faszinierender Schwimmkünstler: der Rückenschwimmer.

fen die Libellen. In den frühen Morgenstunden krabbeln die Larven an einem Halm aus dem Wasser empor und klammern sich daran fest. Über mehrere Stunden zieht sich ihre Häutung hin, wobei die Larvenhaut an der Hinterseite aufplatzt und die Libelle sich nach und nach herausarbeitet, bis sie schließlich ihre Flügel entfaltet. Eine Weile fächelt die frisch geschlüpfte Libelle noch mit den Flügeln, um sich zu trocknen, dann fliegt sie davon.

Die Flugkünste dieser schönen Insekten können wir in der Regel sehr bald nach der Anlage des Teiches beobachten. Zur Paarungszeit umfliegen die Männchen ständig einen bestimmten Bereich des Teiches, das ist ihr Revier, das sie gegen ihre Rivalen abgrenzen. Zur Paarung bilden die aneinandergekoppelten Tiere an einem Halm das typische Paarungsrad. Bei manchen Arten begleitet das Männchen das Weibchen noch zur Eiablage unter Seerosenblättern oder an anderen Wasserpflanzen.

Lebensräume für Frosch & Co.

Ob und wann sich auch Frösche, Kröten, Molche, Unken oder gar

Azurjungfern bilden bei der Paarung ein für Kleinlibellen typisches Rad.

Feuersalamander im Teich ansiedeln, das hängt ganz von ihrem Vorkommen in der Umgebung ab.

Die **Ansprüche dieser Tiere** sind dabei sehr unterschiedlich. **Kröten** lieben es zum Beispiel karg, also sandig kiesige Uferzonen, wenig Vegetation in und ums Wasser, dafür viele Steine. **Fröschen,** allen voran den Grasfröschen, kann es dagegen kaum vegetationsreich genug sein. Die kleinen **Laubfrösche** brauchen Himbeer- oder Brombeertriebe in Teichnähe, an denen sie emporklettern können. Versuchen Sie herauszufinden, welche dieser Tiere es in der landschaftlichen Umgebung Ihres Gartens gibt. Wenn nicht, so sollten Sie den Teich und seine Umgebung vielfältig gestalten, um für alle möglichen Zuwanderer einen Lebensraum anzubieten.

Typ 1: Ein sonniger Teich mit reichlich Wasserpflanzen bietet Lebensraum vor allem für Teich- und Grasfrösche.

Amphibien wandern bekanntlich von ihrem Landlebensraum zum Laichplatz im Teich und von dort wieder zu ihrem Winterquartier an Land (nur wenige überwintern im Wasser). Diese Entfernung zwischen Landlebensraum und Wasserstelle kann von wenigen Metern im eigenen Garten bis zu drei Kilometer in den nächstgelegenen Wald betragen. Wenn die Population in einem Lebensraum so groß ist,

dass das Nahrungsangebot nicht mehr ausreicht, sucht sich ein Teil der Tiere ein neues Biotop. Vielleicht finden sie es in Ihrem Garten.
Tun Sie jedoch eines nicht: Setzen Sie niemals Tiere ein, die Sie in einem Feuchtgebiet der Landschaft gefangen oder aus einem anderen Gartenteich bekommen haben. Wenn die Tiere Ihren Teich als Lebensraum nicht annehmen, wandern sie

ab und werden vielleicht auf der nächsten Straße überfahren. Das gilt auch für Amphibienlaich, der anderswo entnommen in einen Teich eingesetzt wird. Wenn Ihnen die Erfahrung im Umgang mit Amphibien fehlt, sollten Sie bei einer solchen Aktion einen Biologen oder einen erfahrenen Naturschützer zu Rate ziehen.

Vier Teichtypen für verschiedene Amphibien

Die vier nachfolgenden Teichtypen mögen Ihnen als Orientierung bei der Anlage Ihres Biotopteiches dienen, der bestimmten Amphibienarten als Lebensraum dienen soll.

Typ 1: Sonniger, vegetationsreicher Teich mit abwechslungsreicher Umgebung

Dieser Teich sollte einen Durchmesser von 6 bis 8 m haben und mindestens 80 cm tief sein. Eine oder mehrere Seerosen in der Mitte, ein dichter Teppich aus Unterwasserpflanzen und Uferzonen mit abwechslungsreicher sowie unterschiedlich dichter Vegetation kennzeichnen den Teich. Am Ufer sollte es freie, sonnige Plätze mit Kies, Sand, einzelnen großen Steinen oder

Typ 2: An einem teilweise schattigen Teich fühlen sich u. a. Gras-, Springfrosch und Erdkröte wohl.

Typ 3: Laub- und Moorfrosch lieben sonnige, flache Teiche mit üppiger Ufervegetation.

einem alten Baumstamm geben. Stauden und Gräser leiten zu Gehölzen über. Holzstapel und Lesesteinhaufen bieten Tieren Unterschlupf an.
Lebensraum für: Teich- und Wasserfrosch, Kammmolch und Teichmolch.

Typ 2: Teilweise schattiger Teich mit reicher Ufervegetation

Auch dieser Teich sollte in Größe und Tiefe dem Typ 1 entsprechen. Bäume und Sträucher werfen vor allem um die Mittagszeit lichten Schatten auf den Teich, sodass sich sein Wasser nicht allzu leicht erwärmt. Dennoch gibt es auch sonnige Uferplätze. Im Halbschatten gedeihen die große oder kleine Teichrose *(Nuphar lutea, N. pumila)*. Der Teich ist von einer dichten Ufervegetation umgeben. Altholzhaufen, Laubhaufen unter Büschen sowie eine locker aufgeschichtete Trockenmauer bieten den Amphibien Unterschlupf und Winterquartier an Land.
Lebensraum für: Grasfrosch, Erdkröte, Bergmolch, Fadenmolch, Springfrosch und Feuersalamander.

Typ 3: Sonniger, flacher Teich mit üppiger Ufervegetation

Bei diesem Teich reichen 40 bis 50 cm Tiefe aus. Wichtiger als seine Größe sind ausladende Sumpfzonen mit zusätzlichen Wasserlachen. Schilfrohr und Rohrkolben wachsen in der Uferregion – sofern diesen stark wuchernden Pflanzen genügend Platz geboten werden kann. Außerdem gedeiht der Igelkolben im seichten Wasser. In der Umgebung gibt es Weidengebüsch und Himbeeren. Unter den Gehölzen ist eine dicke Laubschicht ausgebreitet sowie ein Reisighaufen aufgeschichtet. Eine Wiese umgibt den Teich.
Lebensraum für: Laubfrosch, Moorfrosch, Rotbauchunke.

Typ 4: Großer, sonniger Teich mit spärlicher Vegetation

Dieser Teich sollte einen Durchmesser von mindestens 4 m haben. Er braucht aber nur bis zu 40 cm tief sein und darf im Sommer zeitweise austrocknen. In ihm wachsen nur einige spärliche Binsen. Das Ufer und die Umgebung bestehen aus Kieselsteinen, Schotter, einigen Gräsern, Trockenrasenvegetation, Steinhaufen und Trockenmauern mit vielen Hohlräumen darin. Sandflächen sollten nicht fehlen.
Lebensraum für: Kreuzkröte, Wechselkröte, Knoblauchkröte und Geburtshelferkröte sowie Gelbbauchunke.

Typ 4: Von großen Teichen mit kargen, steinigen Ufern werden Kreuz- und Wechselkröte sowie Gelbbauchunken angezogen.

Unsere heimischen Amphibien im Biotopteich

Grundsätzlich unterscheidet man **Froschlurche** (Frösche, Kröten, Unken) und **Schwanzlurche** (Molche, Salamander). Frosch und Kröte werden manchmal miteinander verwechselt. Ein typisches Unterscheidungsmerkmal ist die Schnauze der Tiere. Sie ist bei Fröschen eher spitz, bei Kröten meist stumpf und breit ausgeprägt. Unken erkennt man an den herzförmigen Pupillen.

Grasfrosch
(Rana temporaria)

Großer Braunfrosch mit dunkel- und hellbrauner Zeichnung und auffallendem braunen Schläfenfleck hinter dem Auge. Länge etwa 107 bis 110 mm. Zwischen Februar und April wandern die Grasfrösche zum Laichgewässer. Die dicken Laichballen werden im flachen Wasser abgelegt. Nach zwei bis vier Wochen schlüpfen die Kaulquappen. Etwa im Juli verlassen die 10 bis 16 mm langen, kleinen Frösche das Laichgewässer. Ab Oktober suchen die Frösche ihren Überwinterungsplatz auf,

Der Grasfrosch ist einer der häufigsten Frösche unserer Gartenteiche.

der bis zu 2 km vom Laichgewässer entfernt sein kann. Manche Grasfrösche überwintern auf dem Teichgrund.

Springfrosch
(Rana dalmatina)

Dieser große, schlanke Braunfrosch wird zwischen 60 und 65 mm lang, trägt eine hell- bis dunkelbraune Farbe, mit der er sich im Herbstlaub gut tarnt. Auffallend sind seine Springkünste, er kann bis zu 2 m weit springen. Die Laichballen werden ab Ende Januar rund um Halme oder Äste im Wasser geheftet. Im Juni/Juli verlassen die jungen Frösche das Wasser und suchen ihr Winterquartier an

Land auf. Auch Springfrösche entfernen sich bis zu 2 km von ihrem Laichgewässer.

Kleiner Wasserfrosch
(Rana lessonae)

Die Froschmännchen erreichen eine Länge von bis zu 55 mm, die Weibchen bis zu 65 mm. Der Wasserfrosch ist meistens grün, manchmal auch blaurün oder etwas bräunlich gefärbt. Ab Ende April/Anfang Mai heftet das Weibchen mehrere kleine Laichballen an die Unterwasserpflanzen. Zwischen Mitte Juli und Anfang September gehen die kleinen Frösche an Land. Auf ihren Wanderungen entfernen sich die Frösche bis zu 500 m vom Laichgewässer.

Teichfrosch
(Rana esculenta)

Die Männchen des grün gefärbten Teichfroschs erreichen eine Länge von 90, die Weibchen von 100 bis 120 mm. Die Fortpflanzung erfolgt bei den Teichfröschen im April/Mai. Die jungen Frösche gehen je nach Gebiet und Entwicklung Ende Juli bis August, manchmal aber erst Anfang Oktober an Land.

Teichfrösche überwintern sowohl im Wasser als auch an Land, wobei sie sich bis zu 2,5 km vom Laichgewässer entfernen.

Laubfrosch
(Hyla arborea)

Der Laubfrosch ist der kleinste heimische Frosch. Seine glänzende Haut ist meistens hellgrün gefärbt, sie kann aber auch je nach Wetter in dunkelbraunen, grauen, gelblichen oder gefleckten Farbtönen variieren. Mit Hilfe von Haftscheiben an seinen Füßen kann dieser kleine Frosch Sträucher wie Himbeer- und Brombeersträucher erklimmen. Von Ende April bis Juni legen die Weibchen die Eier in kleinen Klumpen im flachen Wasser ab. Die jungen, 12 bis 21 mm langen Frösche verlassen von Juli bis August das Laichgewässer. Laubfrösche überwintern an Land, wozu sie mitunter kilometerweite Wanderungen unternehmen.

Erdkröte
(Bufo bufo)

Mit ihren plumpen Körpern erreichen die Krötenmännchen eine Länge von 100 mm, die Weibchen 150 mm. Die Farbe der Oberseite kann von olivgrün über rotbraun bis zu fast schwarzen Farbtönen variieren. Ab Ende März, Anfang April wandern die Erdkröten zum Laichgewässer. Typisch sind die langen Laichschnüre mit schwarzen Eiern, die in zwei bis vier Reihen nebeneinander um die Wasserpflanzen geschlungen werden. Die jungen, 7 bis 12 mm langen Erdkröten verlassen im Juni, Juli das Wasser. Ihren Landaufenthalt wählen die Tiere in einer Entfernung von bis zu 1,4 km vom Laichplatz entfernt.

Kreuzkröte
(Bufo calamita)

Mit 40 bis 70 mm beim Männchen und 50 bis 80 mm beim Weibchen sind diese Kröten wesentlich kleiner als die Erdkröten. Das typische Merkmal der Kreuzkröte ist jedoch ihre gelbe Rückenlinie. Von April bis September legen die Weibchen ihre Laichschnüre in Wassertiefen bis zu 20 cm direkt auf dem Teichboden ab. Die Wanderungen der Kreuzkröte können sich bis zu 2,5 km ausdehnen. Die Kröten können, ähnlich Mäusen, schnell laufen.

Als einziger heimischer Frosch kann der kleine Laubfrosch klettern.

Das Erdkrötenweibchen trägt das Männchen Huckepack in den Teich.

Wechselkröte
(Bufo viridis)

Mit ihrer grünweißen Zeichnung gehört die Wechselkröte zu den schönsten Froschlurchen, allerdings ist das 80 bis 100 mm lang werdende Tier nur selten anzutreffen. Es liebt karge Standorte. Von Anfang April bis Juni legen die Weibchen ihre Laichschnüre auf den Unterwasserpflanzen ab. Tagsüber und im Winter verstecken sie sich unter Steinen, Brettern oder in selbstgegrabenen Höhlen.

Geburtshelferkröte
(Alytes obstetricans)

Diese kleine Kröte erreicht eine Länge von nur 55 mm. Die auf der Oberseite meist grau gefärbten Tiere sind auf dem Rücken mit rötlichen Warzen oder kleinen schwarzen Punkten besetzt. Nach der Paarung wickeln die Männchen die Eierschnüre um ihren Hinterleib und tragen sie so lange mit sich herum, bis sie groß genug zum Schlüpfen sind. Dann gehen die Tiere ins Wasser, wo die Larven ausschlüpfen. Im Winter suchen die Geburtshelferkröten tiefere und feuchte Bodenschichten auf.

Gelbbauchunke
(Bombina variegata)

Die Gelbbauchunke ist ein kleiner Froschlurch von nur 35 bis 45 mm Länge. Mit ihrem gelbbraunen dicht mit kleinen Warzen besetzen Rücken ist sie im Wasser und auf dem Land gut getarnt. Auffällig sind ihre herzförmigen Pupillen sowie die grau oder anthrazitfarben und gelbgefleckte Unterseite. Zwischen April und August heften die Weibchen ihre Eier in kleinen Klumpen an die wenigen Pflanzen oder ins Wasser überhängende Grashalme ab. Die jungen Unken gehen zwischen Mitte Juni und Mitte Oktober an Land. Ab Anfang Oktober suchen die Unken ihre Landverstecke unter Gebüschen sowie im Wald auf. Der Wanderradius der kleinen Tiere kann sich bis auf 1,2 km erstrecken.
Die der Gelbbauchunke verwandte und ähnliche **Rotbauchunke** (Bombina bombina) ist in den offenen Wiesen und Waldrandlagen, in den Überschwemmungsgebieten der Flüsse anzutreffen. Sie ist vom Aussterben bedroht. In einem Gartenteich siedeln sie sich selten an.

Bergmolch
(Triturus alpestris)

Dieser kleinere, 90 mm (Männchen) und 120 mm (Weibchen) lange Molch ist der farbenprächtigste seiner Art. Auf der grau bis bläulichen Oberseite

Die Bergmolche weisen die prächtigste Zeichnung aller heimischen Molche auf.

zeichnet sich eine schwarz-weiß-gelb gemusterte Rückenleiste und an den Lenden ein schwarz gepunktetes Muster ab. Die Unterseite ist leuchtend orange, unterhalb der Kehle oft schwarz gefleckt. Die Männchen sind farbenprächtiger als die Weibchen. In der Landtracht ist die Rückenleiste der Männchen kaum zu erkennen und die Haut der Tiere dunkel und stumpf in der Farbe. Das Bergmolchweibchen heftet die Eier an die Blätter von Unterwasserpflanzen. Von Ende August, Anfang September bis in den November hinein verlassen die jungen Molche das Wasser. Als Landverstecke dienen Plätze unter Baumstämmen, Baumwurzeln, Totholzhaufen oder in Trockenmauern, die bis zu 600 m vom Laichgewässer entfernt liegen können.

Teichmolch
(Triturus vulgaris)

Mit seiner maximalen Länge von 110 mm zählt der Teichmolch zu den kleineren Molchen. Mit seinem Rückenkamm und den schwarzen Punkten auf der dunkelgrauen Haut sowie mit der orangefarbenen schwarz gepunkteten Unterseite ist das

Männchen wesentlich auffälliger gezeichnet als das gelblich oder hellbraun gefärbte und zart gepunktete Weibchen, dessen Unterseite ebenfalls weniger kräftig gefärbt und gezeichnet ist. Der Teichmolch pflanzt sich im gleichen Zeitraum wie der Bergmolch fort. Bis zu 500 m weit sucht er seine möglichst feuchten Verstecke, selten überwintert er auch im Wasser.

Fadenmolch
(Triturus helveticus)

Besonderes Kennzeichen dieses kleinen Molchs ist der fadenartige Schwanzfortsatz, der beim Männchen 8 mm lang ist. Der Fadenmolch wird 85 (Männchen) bis 95 mm (Weibchen) lang. Die Fortpflanzung, Entwicklung der Larven und das Verlassen des Gewässers ähnelt der anderer Molcharten. Die Winterquartiere sucht der Fadenmolch unter morschem Holz und unter Steinen.

Kammmolch
(Triturus cristatus)

Von den vier heimischen Molcharten ist der Kammmolch der

größte. Das Männchen erreicht eine Länge von bis zu 160 mm, das Weibchen bis 180 mm, manchmal sogar 200 mm. Besonderes Kennzeichen ist der Rückenkamm des Männchens in Wassertracht. Bei den Weibchen fehlt dieser Kamm. Oft wandern die Kammmolche schon im Februar zum Laichgewässer. Ab Anfang Oktober verlassen die jungen Molche das Wasser. Die Landlebensräume liegen meistens nicht weit vom Laichgewässer entfernt. Wie die anderen Molche suchen die Tiere unter Baumwurzeln, morschem Holz und Steinen ihr Winterquartier. Oft überwintern sie auch auf dem Gewässergrund.

Feuersalamander
(Salamandra salamandra)

Dieser, eher den Echsen ähnlich sehende Schwanzlurch kann von Kopf bis Schwanz 140 bis 170 mm, manchmal sogar bis zu 200 mm messen. Auffallend ist seine gelbe, manchmal auch rötlich gestreifte oder gefleckte Zeichnung auf glänzend schwarzem Grund, die je nach Individuum sehr unterschiedlich ausfallen kann. Feuersalamander paaren sich in der Zeit von März bis September, hauptsächlich aber im Juli an Land. Das Weibchen setzt nach etwa acht Monaten kiementragende in den flachen Zonen kühler, meistens fließender Gewässer ab. Nach weiteren vier Monaten verlassen die 46 bis 65 mm langen jungen Salamander das Wasser.

Fische im Teich?

Jeder Teich entwickelt sich nach der Anlage auf seine Weise weiter. Je nach Beschaffenheit und Umgebung werden sich ganz bestimmte Tiere darin einfinden. Nach einigen Jahren pendelt sich eine in der Zusammensetzung der Arten ausgewogene Gemeinschaft ein, sodass wir vom **»biologischen Gleichgewicht«** sprechen. Auch wenn

Exotische Fische wie diese Kois brauchen ein spezielles Fischbecken mit einer eigenen Filteranlage.

sich diese Gemeinschaft ständig verändert, manche Arten verschwinden und andere neu hinzukommen, so halten sich die Pflanzen und Tiere dort doch mehr oder weniger die Waage. Die Entwicklung zu diesem Zustand kann aber erheblich gestört werden, durch unüberlegte Eingriffe des Menschen oder durch den Besatz mit Fischen. Im naturnahen Biotopteich stören diese Fische die natürliche Entwicklung, weil sie den Lebewesen, die sich von selber ansiedeln keine Chance lassen. Außerdem reichern sie durch ihren Kot und Ihre Ausscheidungen durch die Kiemen das Teichwasser ständig mit Nährstoffen an. Sie geben den Algen reichlich Nahrung.

Wenn Sie auf Fische im Biotopteich nicht verzichten wollen, dann wählen Sie kleine heimische Wildfische, wie den **Dreistachligen Stichling**, das **Moderlieschen** oder den **Bitterling**, der zu seiner Fortpflanzung die Teichmuschel braucht. Diese Fische benötigen einen Teich mit einer Wasseroberfläche von mindestens 20 m² Größe und einer Tiefe von mindestens 1,20 m an einer Stelle. Bevor Sie diese Tiere einsetzen, sollten Sie sich mit ihren Ansprüchen und ihrer Lebensweise befassen. Auch diese Fische gedeihen nicht in jedem Teich. Schaffen Sie ihnen durch eine Tonröhre, Steine, eine Baumwurzel oder ähnliches Versteckmöglichkeiten unter Wasser.

Goldfische und Koi-Karpfen stammen aus fernöstlichen Ländern. Wer sie im Teich halten will, muss ihnen ein anderes Gewässer bieten, als die hier beschriebenen Biotopteiche. Diese Fische benötigen eine Wassertiefe von mehr als 1,50 m und eine aufwändige Umwälz- und Filteranlage.

Heimische Fische für Biotopteiche über 20 m² Größe

Der kleine, plattrunde **Bitterling** wird nur 10 cm groß und lebt im vegetationsreichen Uferwasser auf schlammigem, sandigem und tonigem Untergrund. Er ernährt sich von Pflanzenteilen, Würmern, Kleinkrebsen und Insektenlarven. Der Bitterling kann sich nur mit Hilfe der Teich- oder Malermuschel fortpflanzen. Zur Laichzeit entwickelt das Männchen schillernde Farben. Setzen Sie etwa zehn Fische ein.

Der **Dreistachlige Stichling** ist wegen seines ungewöhnlichen Brutverhaltens ein beliebter Fisch. Das etwa 10 cm lange Männchen baut im flachen, ufernahen Wasser aus Pflanzenteilen ein kugelförmiges Nest mit zwei Öffnungen, in das es das Weibchen lockt. Nach der Eiablage vertreibt es das Weibchen und kümmert sich um die Aufzucht der Brut. Während der Laich- und Brutzeit ist das Stichlingsmännchen aggressiv und greift auch Amphibien an. Man sollte von dem vermehrungsfreudigen Fisch nur acht Exemplare einsetzen und ihnen einen möglichst großen Teich bieten. Wichtig sind auch geschützte Randbereiche für Amphibien. Nur 9 cm lang wird das **Moder-**

Ein Stichlingsmännchen in prächtiger Laichtracht vor seinem Nest unter Wasser.

lieschen, ein Schwarmfisch, der sich von Schwebalgen, Mücken und deren Larven, Rädertierchen und Kleinkrebsen ernährt. Man sollte von dieser lebhaften Fischart zehn Exemplare einsetzen. Moderlieschen brauchen einen pflanzenreichen Teich.

Ein Bitterlingspärchen beim Ablaichen über einer Teichmuschel.

auf einen blick

- Zahlreiche Insekten besiedeln den Teich schon bald nach der Anlage.
- Schon bei der Gestaltung können Sie gezielt den künftigen Lebensraum für bestimmte Amphibien schaffen.
- Fische dürfen nur in größere, extra für sie angelegte Teiche eingesetzt werden.
- Heimische Wildfische brauchen naturnahe Gewässer, Goldfische und Kois eine aufwändige Filter- und Umwälzanlage.

Die Pflege des Gartenteiches

Naturnah angelegte Teiche sind in der Regel pflegeleicht. Die wenigen Probleme, die auftreten können, sollte man möglichst umgehend lösen.

Tümpel, Weiher, Teiche und Seen unserer Landschaft verändern sich im Laufe der Jahre ständig. Wasser- und Sumpfpflanzen gedeihen und breiten sich aus. Rohrkolben, Binsen und Sumpfschwertlilien wachsen zu einem immer größer werdenden Röhrichtgürtel zusammen. Die Blätter der Seerosen sterben ab, lösen sich auf und sinken zu Boden, wo sie einen Mulm bilden, der auf dem Teichboden immer mehr anwächst und den Teich aus seiner Mitte heraus immer flacher werden lässt.

Auch zwischen den Pflanzen der Flachwasserzone setzen sich Pflanzenreste, das Herbstlaub benachbarter Gehölze ab und bilden einen Sumpf, in dem sich mit zunehmender Verlandung Gräser und Wildkräuter ansiedeln und die ursprüngliche

Wasserfläche immer mehr zusammenschrumpfen lassen. Nach Jahrzehnten ist von dem Gewässer kaum mehr zu erkennen als ein Sumpf, bis man schließlich überhaupt nicht mehr ahnt, dass es an dieser Stelle jemals einen Tümpel gegeben hat. Das ist das ganz natürliche Schicksal eines jeden still stehenden Gewässers, es sei denn, durch natürliche Einwirkungen wie einen Wolkenbruch mit anschließendem Hochwasser oder durch die Entwurzlung eines am Wasserrand stehenden Baumes werden neue Vertiefungen geschaffen, in denen sich das Wasser sammeln kann.

Mit diesen natürlichen Gegebenheiten vergleichbar ist die Entwicklung unseres künstlich angelegten Gartenteichs. Lassen wir seiner Entwicklung freien Lauf, so wird er verlanden, bis von ihm nichts mehr zu sehen ist. Es liegt an uns, diese Entwicklung, die zu beobachten durchaus ihren Reiz haben kann, zuzulassen oder ihr Einhalt zu gebieten.

Im Abstand von einigen Jahren muss der Pflanzenbewuchs im Teich ausgedünnt werden.

Natürliche Teichentwicklung

Um möglichst vielen Lebewesen einen Raum zu bieten, haben wir unseren Biotopteich vielfältig angelegt, mit Sumpf- und Flachwasserzonen, mit kargen und vegetationsreichen Uferbereichen und mit Versteck- und Überwinterungsmöglichkeiten im weiteren Umfeld des Teiches. Je mehr sich die Vegetation ausbreitet, desto mehr verwischen sich die Grenzen zwischen den

◄ Ungeeignete Pflanzen wie das Schilfrohr im Hintergrund, zu dichte Vegetation, vermutlich zu nährstoffreiches Substrat und zu spätes Eingreifen führten zur fortgeschrittenen Verlandung dieses Teichs.

Dicke Algenwatten haben sich in diesem Teich gebildet. Wahrscheinliche Ursachen: Nährstoffreiches Wasser und starke Besonnung.

Die wichtigste Voraussetzung für eine gesunde Entwicklung ist die naturgemäße Anlage des Teiches. Vermeiden Sie jede Nährstoffzufuhr und verzichten Sie auf Fische bei einer Teichgröße von weniger als 20 m² Fläche und 1,20 m Tiefe.

Häufige Teichprobleme

Algen

Sie sind das häufigste Problem, das Teichgärtner beschäftigt – und das geringste zugleich. In einem jungen Teich sind Algen eine normale und vorübergehende Erscheinung. Sie regulieren den Nährstoffhaushalt des Wassers und verschwinden in aller Regel von selber, wenn sie diese Aufgabe erfüllt haben. Als Teichgärtner können Sie den Abbau von Nährstoffüberschüssen beschleunigen, indem Sie Algenwatten mit dem Rechen aus dem Teich herausfischen. Außerdem sollten Sie **Unterwasserpflanzen und Schwimmpflanzen einsetzen.** Beide decken ihren Nährstoffbedarf direkt aus dem Wasser und entziehen damit den Algen die Lebensgrundlage. Zudem setzen die Unterwasserpflanzen Sauer-

einzelnen Bereichen. Hinzu kommt, dass sich Pflanzen wie zum Beispiel Binsen oder Rohrkolben, Kalmus, Seerosen oder Krebsscheren mitunter so stark durchsetzen, dass sie alle anderen verdrängen. Die Vegetation wird mit den Jahren ärmer an Arten, und mit ihr verringert sich auch die Vielfalt der Tierwelt im Gartenteich – bis es ihn irgendwann nicht mehr gibt . . .
Ein Zeitraum, in dem ein Teich verlandet, lässt sich schwer bestimmen, denn je nach Größe, Lage, Anzahl der Pflanzen und Auswahl der Arten, Nährstoffreichtum des Wassers und Eintrag an organischer Masse von außen geht die Verlandung langsamer oder schneller vonstatten. Somit kann auch kein

Zeitraum genannt werden, nach dem ein erster Eingriff nötig wäre, um den Teich in seiner beabsichtigten ursprünglichen Form zu erhalten. Manchmal kann ein solcher Eingriff nach drei Jahren, manchmal aber auch erst nach acht oder zehn Jahren nötig werden, eine Entscheidung, die natürlich auch in Ihrem Ermessen liegt.

Vorbeugung
Von den größeren Eingriffen einmal abgesehen, können Sie jedoch mit kleineren Pflegemaßnahmen im Laufe eines jeden Jahres der Verlandung ein wenig vorbeugen. Damit vermeiden Sie auch manches, was den Teichfreunden zu den allseits bekannten Problemen werden kann.

stoff frei, der den Lebewesen zugute kommt. Schwimmpflanzen beschatten das Wasser und verhindern so eine zu starke Erwärmung. Vor drei Vertretern dieser Gruppen sei jedoch gewarnt, weil sie zur Plage werden können und kaum noch loszuwerden sind:

- Die **Wasserpest,** eine stark wuchernde Unterwasserpflanze, die alle anderen Wassergewächse verdrängt.
- Die **Wasserlinse,** die auf der Wasseroberfläche einen dichten Teppich bildet und kaum noch zu beseitigen ist.
- Das ähnlich wuchernde **Feenmoos** *(Azolla mexicana);* ursprünglich nicht winterhart, hat es sich unserem Klima weitgehend angepasst.

Alle anderen Unterwasser- und Schwimmpflanzen lassen sich leicht reduzieren, wenn sie einmal überhand nehmen sollten. Mit ihnen werden auch Nährstoffüberschüsse aus dem Wasser entfernt, was zu seiner Klarheit und dem biologischen Gleichgewicht des Teiches beiträgt.

Ursachen für Algenblüten

Algenwuchs wird vor allem auch durch übermäßige Erwärmung des Teichs während sommerlicher Hitzeperioden begünstigt.

Es ist aus diesem Grund ratsam, den Teich von vornherein so zu platzieren, dass er vor allem in den Mittagsstunden für einige Stunden beschattet wird. Zeitweilige Abhilfe können Sie auch durch einen provisorisch aufgestellten Schattenparavant schaffen. Noch einmal sei betont, dass vorübergehender Algenwuchs, auch bei einem älteren Teich eine normale Erscheinung ist, die den Nährstoffhaushalt des Teiches reguliert. Anhaltender und zunehmender Algenwuchs kann jedoch ernste Folgen haben. Denn die einzelnen Algen sind kurzlebig und sterben ab, sie sinken auf den Teichboden, wo sie sauerstoffliebende (aerobe) Bakterien zersetzen.

Bakterienblüte

Nehmen die aeroben Bakterien überhand, so kann es zur Bakterienblüte kommen. Diese Erscheinung zeigt sich durch milchig-trübes Wasser. Halten Sie einen weißen Teller 10 cm tief ins Wasser. Ist er nicht mehr zu erkennen, so besteht die Gefahr, dass der Teich in Kürze **»umkippt«.** Das heißt: Alle Lebewesen sterben infolge Sauerstoffmangel ab und das Teichwasser verwandelt sich im

Mit einem Kescher, Rechen oder ähnlichem Gerät lassen sich die Algenwatten gut herausziehen.

Handumdrehen in eine leblose stinkende Brühe.

Abhilfe

Ist der Teller noch zu erkennen, lässt sich der Teich vielleicht vorübergehend retten, indem Sie ihm mit einer Membranpumpe durch einen Schlauch mit Belüfterstein Sauerstoff zuführen. Zugleich sollten Sie Algenwatten und Pflanzenreste ausräumen, sofern Sie nicht gleich eine größere Reinigungsaktion starten möchten.

Steht der Teich jedoch kurz vor dem Umkippen (Teller ist dann nicht mehr erkennbar) oder ist er bereits umgekippt, hilft nur eine Radikalkur, also das Was-

Zum Reinigen des Teiches wurde hier ein Teil des Wassers herausgepumpt.

von den Mikroorganismen umgesetzt und den Pflanzen die darin enthaltenen Nährstoffe wieder zugänglich gemacht werden. Je sanfter das Gefälle des Teichbodens verläuft, desto gleichmäßiger verteilen sich die Pflanzenreste darauf, umso gründlicher können sie von den Kleinstlebewesen verwertet werden. Wurde der Teich zu steil angelegt, sodass seine Mulde in der Mitte einen Trichter bildet, sammelt sich der Faulschlamm in diesem Trichter und kann von den Mikroorganismen nicht umgesetzt werden.

Vorbeugend sollten Sie verhindern, dass größere Mengen von Herbstlaub in den Teich gelangen. Spannen Sie ein Netz über den Teich. Geringe Mengen Laub schaden dem Teich nicht.

Mit einem Eisfreihalter kann man den unter der Eisdecke im Teich überwinternden Tieren im Winter Luft zuführen.

Zufrieren des Teiches

Der Gartenteich darf im Winter zufrieren wie jedes natürliche Gewässer. Dennoch kommt es in manchen Jahren vor, dass nachdem die Eisdecke aufgetaut ist, tote Frösche (Grasfrösche) an der Oberfläche schwimmen. Eine noch ungeklärte, vielleicht natürliche Erscheinung, die außerhalb unserer Gärten nicht weiter auffällt. Vermutlich liegt die Ursache in einer ungünstigen Teichtiefe, die die Tiere dazu verleitet, auf dem Teichboden zu überwintern, wo der Sauerstoff aber im Verlauf einer lange bestehenen Eisdecke knapp wird und die Tiere ersticken lässt.

In den mit Folie abgedichteten Teichen bildet sich oft kein ausreichend großes Luftpolster, aus

ser aus dem Teich abziehen, den Schlick herausholen, eventuell den Pflanzenbewuchs ausdünnen und langsam wieder Wasser einlaufen lassen. Untersuchen Sie Ihren Teich bei dieser Gelegenheit auch daraufhin, ob ungewollt Nährstoffe vom benachbarten Rasen, vom Staudenbeet oder von Bäumen eingetragen werden. Verändern Sie die Uferzone so, dass keine nährstoffreiche Erde oder kein Rasendünger mehr in den Teich gespült werden kann.

Faulschlamm

Im Lauf der Jahre bildet sich durch abgestorbene und herabgesunkene Pflanzenreste Faulschlamm auf dem Teichboden. Ein ganz natürlicher Vorgang, bei dem die organische Masse

Mit einem über den Teich gespannten Netz lässt sich das Herbstlaub bequem und sicher abfangen.

dessen Sauerstoffvorrat sich die auf dem Teichboden überwinternden Tiere versorgen könnten. Nach einem langen Winter sie sind möglicherweise zu schwach, um noch an die Oberfläche zu schwimmen.

Gegenmaßnahmen: Den Teich in einer Größe anlegen, die eine Tiefe von mindestens 80 cm zulässt. Im Herbst die Halme von Rohrkolben, Binsen, Schwertlilien oder Kalmus stehenlassen und ein Rohrbündel ins Wasser legen, damit Faulgase abziehen können und Sauerstoff unter die Eisdecke dringen kann. Man kann auch im Fachhandel angebotene Eisfreihalter (aus Styropor) vor dem Zufrieren aufs Wasser legen. Nie die Eisdecke mit einem Beil aufhacken oder mit heißem Wasser auftauen!

Schwarze Blattläuse

Auf den Blättern der Seerosen, auf den Stängeln der Schwanenblumen und manchen anderen Pflanzen lassen sich manchmal schwarze Blattläuse nieder. Da jeder Einsatz chemischer wie auch biologischer Mittel das Leben im Teich beeinträchtigen würde, bleibt eigentlich nur die manuelle Methode, die Läuse von Hand abzustreifen oder

Klein und unscheinbar wirkt der Seerosenzünsler. Seine Raupen können jedoch großen Schaden an den Blättern anrichten.

stark befallene Blätter einfach abzuschneiden. Sie sind ohnehin geschwächt, sonst würden sich die Blattläuse darauf nicht niedergelassen haben.

Seerosenblattkäfer

Dieser Käfer legt seine Eier auf den Seerosenblättern ab, die daraus schlüpfenden Larven fressen längliche Löcher in die Blattoberflächen, bis die Blätter unansehnlich werden und absterben.

Seerosenzünsler

Ein kleiner Falter, der an den Blatträndern ovale Teile des Blattes abtrennt und sie an die Blattunterseite heftet, als Behälter in dem er seine Eier ablegt. Große Chancen sich zu vermehren haben diese Insekten nur bei großen Vorkommen von Seerosen. Schneiden Sie einfach die befallenen Blätter ab und lassen Sie sie im Komposthaufen verschwinden.

Typisches Schadbild des Seerosenzünslers: zum Verpuppen trennen die Larven ovale Stücke aus dem Blatt heraus.

Der Seerosenblattkäfer und seine Larven mit beginnenden Fraßschäden.

So sieht ein von den Larven des Seerosenblattkäfers zerfressenes Seerosenblatt aus.

Enten

Lästig können Enten im Gartenteich werden. Flugenten, wie zum Beispiel die Stockenten fühlen sich oft von großen Wasserflächen angezogen und lassen sich darauf nieder. Sie gründeln im Teich und verunreinigen das Wasser durch ihren Kot. **Wichtig:** Vertreiben Sie die Tiere sofort. Wenn sie immer wieder kommen, hilft nur, ein Netz spannen und dies so lange über dem Teich belassen, bis keine Enten mehr auftauchen.

Wasserverluste

Im Sommer sinkt der Wasserspiegel in manchen Gartenteichen rapide. Sie glauben, der Teich sei undicht geworden. Oft ist jedoch die Ursache in der Kapillarwirkung am Teichrand zu suchen. Die trockene Erde am Teichrand zieht das Wasser aus dem Teich heraus. Prüfen Sie also, ob die **Folie am Rand** noch rundum senkrecht steht und den Teich vom umgebenden Erdreich trennt (siehe Seite 46). Eine Dochtwirkung kann aber auch innerhalb der Folienabdichtung entstehen, wenn die **Sumpfzone trockenfällt.** Lassen Sie nicht gleich Wasser aus der Leitung zulaufen! Auf diese Weise bringen Sie nur unnötig Kalk und andere Stoffe in den Teich ein und das chemische und biologische Gleichgewicht gerät durcheinander. Warten Sie den nächsten Regenguss ab und beobachten Sie, ob danach der Wasserspiegel schnell sinkt. Ist dies der Fall, so pendelt er sich meist in einer bestimmten Tiefe des Teiches ein.

Ein **Loch in der Folie** zu finden ist schwer, aber wenn Sie es suchen, so finden Sie es auf der Linie des abgesunkenen Wasserspiegels. Senken Sie den Wasserspiegel noch tiefer ab und legen Sie die gefundene schadhafte Stelle großflächig frei, sodass die Folie um das Loch sauber und trocken ist. PVC- und Kautschukfolien lassen sich durch einen passend zugeschnittenen Folienrest flicken, den man mittels Kaltschweißmittel oder Kleber auf das Loch klebt. Polyäthylenfolien lassen sich auf diese Weise nicht flicken. Ziehen Sie dazu einen Fachmann zu Rate.

Der Teich verlandet

Wächst die Bepflanzung am Teichrand immer dichter zusammen und streben die Pflanzen aus dem Flachwasser- und Seichtwasserbereich immer mehr der Mitte zu, so schreitet

Von einem kleinen Teich bleibt bei zunehmender Verlandung oft nur noch ein Wasserloch übrig.

Im Winter ruht auch der Teich mit all seinen Lebewesen. Trockene Halme sorgen für Luftzufuhr und zieren den Teich auch zur kalten Jahreszeit.

die Verlandung voran. Das heißt: In einigen Jahren sind von Ihrem Gartenteich vielleicht nur noch ein paar Binsen zu sehen. Dieser Entwicklung können Sie vorbeugen, indem Sie die Bepflanzung im Abstand von einigen Jahren ausdünnen und einen Teil des Bodenschlicks aus dem Teich entfernen. Räumen Sie nicht den ganzen Teich auf einmal aus, sondern nehmen Sie sich den jeweils am stärksten zugewachsenen Teil vor.

Auslichten und Ausräumen

Der beste Zeitpunkt zu diesen Arbeiten ist der Herbst, wenn der Wasserspiegel nach einer Trockenperiode ohnehin etwas gesunken ist. Schöpfen oder pumpen Sie einen Teil des Wasser heraus und bewahren Sie davon soviel wie möglich in Tonnen, Wannen und anderen Behältern auf, damit der Anteil des nachgefüllten Leitungswassers gering bleibt. Mit einem stumpfen Werkzeug (Krail, Rechen) kämmen Sie den Filz heraus. Achten Sie dabei sorgfältig darauf, dass die Folie nicht beschädigt wird.

Aus kleinen Teichen können Sie die Pflanzen auch mit den Händen (evtl. mit Gummihandschuhen) herausholen. Der Bodenschlick lässt sich, sofern er nicht zu flüssig ist, mit einem Schneeschieber oder einer Schaufel an Land ziehen.

Breiten Sie die ausgeräumten Pflanzenreste und den Bodenschlick zunächst am Ufer aus, damit Sie darin befindliche Tiere aufspüren können. Die etwas angetrockneten Abfälle können dann mit trockenen Materialien vermischt kompostiert werden. Nach dem Ausräumen lassen Sie das in den Behältern gespeicherte Wasser wieder langsam durch einen Schlauch in den Teich zurücklaufen.

Wenn Sie die Auslichtungsmaßnahmen im Abstand von einem oder mehreren Jahren in einem jeweils anderen Teichabschnitt wiederholen, entstehen auf dem Teichboden mehrere Altersstufen mit einer jeweils anderen Zusammensetzung von Mikroorganismen. Die Vielfalt der Kleinstlebewesen wird auf diese Weise wesentlich erhöht. Diese Lebewesen halten Ihren Teich sauber und gesund.

auf einen blick

- Algen sind eine natürliche Erscheinung im Gartenteich. Sie können immer wieder auftreten, verschwinden aber oft von selbst wieder. Andernfalls ist das Wasser zu nährstoffreich.
- Infolge starker Algenentwicklung kann eine Bakterienblüte eintreten, die den Teich zum »Umkippen« bringt.
- Eine Reinigungsaktion sollte am besten im Herbst durchgeführt werden.
- Schützen Sie Ihren Teich vor einfallendem Herbstlaub.
- Bei einem zugefrorenen Teich sorgen trockene Pflanzenhalme oder ein Eisfreihalter für einen Gasaustausch.
- Schädlinge auf Wasserpflanzen am besten durch Abschneiden der befallenen Blätter bekämpfen.

Bezugsquellen und Adressen

Teichabdichtung

Teichfolien
Aguaplan Held
Gottlieb-Daimler-Str. 5–7
75050 Gemmingen
(auch Kautschukfolien)
Tel.: 07267/91260

Folien-Drewke
Postfach 100362
63264 Velbert
Tel.: 02051/21049

Ewald Dörken
Wetterstr. 58
58313 Herdecke
Tel.: 02330/630-0

Heissner KG
Schlitzer Str. 24
36341 Lauterbach
(auch Kautschukfolien)
Tel.: 06641/860

Natur & Garten
Riesenbecker Str. 63
49479 Ibbenbüren-
Dörente
Tel.: 05451/593410

Plastik-Kauf
Hauptstr. 114
77652 Offenburg
Tel.: 0781/24904

re-natur
Charles-Ross-Weg 24
24601 Ruhwinkel
Tel.: 04323/9010-0
Fax: 04323/9010-33

Sarnafil GmbH
Kapellenweg 7
85622 Feldkirchen
Tel.: 089/991450

Ubbink
Im Fisserhook 11
46395 Bocholt
(auch Kautschukfolien)
Tel.: 02871/2101-0

Wülfing & Hauck
Ernst-Abbe-Str. 2
34260 Kaufungen
Tel.: 05605/8009-0

Tonabdichtung
Dernbach
Meißelstr. 29
45476 Mülheim/Ruhr
(Ton-Mineral-Gemisch,
Dernoton)
Tel.: 0208/400279+99

Diekmann
Zum Hämelerwald 21
31275 Lehrte Arpke
(Dia-Ton-Elemente)
Tel. 05175/301-0

Menting
Westricher Straße 63
46514 Schermbeck
(Ton-Elemente)
Tel.: 02865/7032
Fax: 02865/8240

Fertigteiche
Kruk Kunststoffe
Dieselstraße 10
37235 Hessisch Lichtenau
Te.: 05602/8099-0

Ubbink (siehe unter Teichfolien)

Wasserpflanzen

Neben einigen Spezial-
gärtnereien bieten auch
Staudengärtnereien und
Gartencenter ein breites
Sortiment an.
Sollten Sie in Ihrer Nähe
keine Einkaufsmöglichkeit
finden, so bekommen Sie
unter folgender Adresse
Auskunft:

Bund Deutscher Stauden-
gärtner
Gießener Straße 47
35305 Grünberg
Tel.: 06401/91010

Zubehör

**Umwälzpumpen,
Springbrunnen**
Gardena
Hans-Loranser-Str. 40
D-89079 Ulm
Tel.: 0731/490-219

Heissner KG (siehe unter
Teichfolien)

OASE Wübker
GmbH & Co. KG
Tecklenburger Str. 161
D-48477 Hörstel
Tel.: 05454/80-0

**Biologische Mittel zur
Wasseraufbereitung und
gegen Algen**
Söll
Gesellschaft für Ökologi-
sche Verfahren mbH
Schleizer Straße 105
95028 Hof
Tel.: 09281/7285-0

Adressen

**Schwimmteichbauer
und Gartenteichberatung**
Deutsche Gesellschaft für
Badegewässer
Präsident: R. Grafinger
St. Nikolaus-Straße 2
85232 Bergkirchen
Tel.: 08131/354703

Verband der österreichi-
schen Schwimmteich-
bauer
Präsident: R. Weixler
Aichbergstraße 48
A-4600 Wels
Tel.: 0043/7242/66692
(auch Teichanlagen und
Wasserpflanzen)

Winkler & Richard AG
Naturgärten
Frauenfeldstr. 27
CH-9545 Wängi
Tel.: 0041/52/3782184
(Gartenteiche, Land-
schaftsbau)

Stichwortverzeichnis

Rund um den Wassergarten

Wolfram Franke
Faszination Gartenteich
Teichanlage mit verschiedenen Materialien, ökologische Zusammenhänge, Bepflanzungsbeispiele und Pflanzenpflege, Tiere im und am Gartenteich, spezielle Elemente wie z. B. Wasserläufe und Springbrunnen, Gartenteich-Probleme im Überblick.

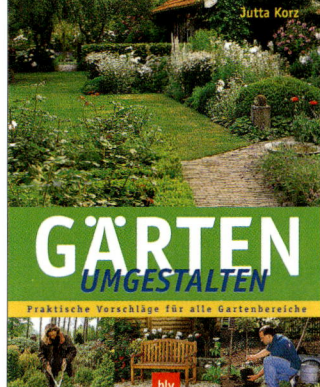

Wolfram Franke
Der Traum vom eigenen Schwimmteich
Natürlicher Badespaß im eigenen Garten: das Praxisbuch für Planung und Ausführung mit allen wichtigen Informationen zu Technik, Bepflanzung und Pflege; Schwimmteich-Beispiele mit Plänen und Kostenaufstellung.

Herbert W. Ludwig /
Norbert Becker /
Harald Gebhardt /
Friedrich Kögel / Kurt Kreimes
Tiere im Gartenteich
Anlage und Ökologie des Gartenteichs, alle häufigen und besonders interessanten Tierarten, Tipps zur Beobachtung.

Reinhold Kaub
Gartenrecht für jedermann
Konflikte zwischen benachbarten Gartenbesitzern vemeiden durch Kenntnis der Rechtslage: aktueller Überblick über alle wichtigen Urteile und Gesetzesgrundlagen – verständlich kommentiert und leicht erschließbar.

Jutta Korz
Gärten umgestalten
Der Problemlöser: das Praxisbuch zur Garten-Umgestaltung Schritt für Schritt, Vorschläge und Ergebnisse mit konkreten Beispielen vorher – nachher, die Umgestaltung von Teilbereichen, Renovierung ganzer Gärten.

Martin Stangl
Mein Hobby – der Garten
Der millionenfach bewährte Ratgeber – jetzt komplett überarbeitet und abgestimmt auf die geänderten Ansprüche an Gärten von heute: zuverlässige Information zu allen Gartenbereichen mit wertvollen Profi-Tipps für die Praxis.

Im BLV Verlag finden Sie Bücher zu den Themen: Garten und Zimmerpflanzen • Natur • Heimtiere • Jagd und Angeln • Pferde und Reiten • Sport und Fitness • Wandern und Alpinismus • Essen und Trinken

Ausführliche Informationen erhalten Sie bei:
**BLV Verlagsgesellschaft mbH • Postfach 40 03 20 • 80703 München
Tel. 089 / 127 05-0 • Fax 089 / 127 05-543 • http://www.blv.de**

Bildnachweis:

Fa. Biotop: 31u
Borstell: 1, 40, 7, 16, 54, 59ur, 62ul, 67o, 68u, 68o
Diekmann: 12
Eisenbeis: 72, 79o
GBA/Noun: 13, 15
GBA/GPL: 51o, 88u
Hagen: 59ol, 59or, 7or
Fa. Oase: 52ur, 52ul
Pforr: 2/3, 5, 11, 39, 40, 56u, 56o, 57, 58l, 58M, 59Ml, 59ul, 6ol, 89ol, 89or, 89M, 90, 91, 73, 74u, 74o, 75u, 80, 83o
Redeleit: 4u, 14, 41, 43, 42u, 42o, 44ol, 44or, 44ur, 5oo, 59Mr, 61l, 64l
re-natur: 45
Reinhard: 22u, 55, 58o, 6or, 61M, 62or, 86, 79u, 82, 83u
Riedmiller: 28
Sammer: 85, 87, 88ol, 89u
Seidl: 61r
Stein: 51u, 88or
Strauß: 8, 33o, 33u, 38, 47, 62ur, 62ol, 67u, 7ol
Treyer: 29o
Weixler: 30
Wiedeburg: 31o
Wothe: 75o

Alle anderen Bilder von Wolfram Franke.

Die Deutsche Bibliothek –
CIP-Einheitsaufnahme

Ein Titeldatensatz für diese
Publikation ist bei Der Deutschen
Bibliothek erhältlich

Grafiken: Heidi Janiček.

Zweite, durchgesehene Auflage

BLV Verlagsgesellschaft mbH
München Wien Zürich
80797 München

© 2001 BLV Verlagsgesellschaft mbH,
München

Umschlaggestaltung: Studio Schübel,
München
Umschlagfotos:
Borstell (Vorderseite oben),
Strauß (Vorderseite unten)
Hagen (Rückseite)

Layoutkonzept Innenteil:
Studio Schübel, München

Lektorat: Dr. Thomas Hagen
Herstellung: Hermann Maxant

Layout und DTP: Satz + Layout
Peter Fruth GmbH, München
Reproduktionen: Digital Picture
Reprotechnik GmbH, München
Druck und Bindung:
Druckhaus Neue Stalling, Oldenburg

Gedruckt auf chlorfrei gebleichtem
Papier

Printed in Germany ·
ISBN 3-405-15754-4